어른들을 위한

# 가장 쉬운
# 포토샵

어른들을 위한
가장 쉬운
포토샵

어른들을 위한

# 가장 쉬운
# 포토샵

어른들을 위한

# 가장 쉬운
# 포토샵

어른들을 위한
**가장 쉬운**
**포토샵**

**초판 인쇄일** 2017년 4월 24일
**초판 발행일** 2017년 5월 2일

**지은이** 정영근
**발행인** 박정모
**등록번호** 제9-295호
**발행처** 도서출판 **혜지원**
**주소** (10881) 경기도 파주시 회동길 445-4(문발동 638) 302호
**전화** 031) 955-9221~5 **팩스** 031) 955-9220
**홈페이지** www.hyejiwon.co.kr

**기획 · 진행** 엄진영
**표지 디자인** 김보라
**본문 디자인** 김지훈
**영업마케팅** 김남권, 황대일, 서지영
ISBN 978-89-8379-932-6
**정가** 13,000원

이 도서의 국립중앙도서관 출판시도서목록(CIP)은 서지정보유통지원시스템 홈페이지(http://seoji.nl.go.kr)와
국가자료공동목록시스템(http://www.nl.go.kr/kolisnet)에서 이용하실 수 있습니다.(CIP제어번호: 2017008172)

어른들을 위한

# 가장 쉬운
# 포토샵

혜지원

# 머리말

처음 포토샵을 처음 접했을 때가 생각납니다. 지금이야 블로그나 좋은 참고 서적들이 많이 출판되어 있지만 그때까지만 하더라도 지금처럼 참고할 서적도 많지 않고 심지어 한글판도 아닌 영문판으로 출시되어 전문가들의 전유물이던 포토샵을 사용하기 위해서 영어사전을 찾아가며 어렵게 배웠던 시절이 있었습니다.

그때마다 왜 우리 수준에 맞게 쉽고 재미있게 설명된 참고 서적이 출판되지 않는 것일까라고 의문점을 가지게 되었고 지금도 정형화된 서적으로 특정 연령대를 위한 교육을 하기에는 많은 문제점들이 있다는 것을 알게 되었습니다. 특히 50대 이상의 연령층을 대상으로 한 포토샵 관련 강의를 진행하면 다음과 같은 얘기를 많이 듣습니다.

"강사님이 강의할 때는 잘되는데 막상 혼자 해보려고 하면 안됩니다."

이런 얘기들을 많이 듣던 차에 기회가 닿아 이 책을 집필하게 되었습니다. 이 책을 통해 많은 분들이 포토샵이 특정 연령에 한정된 어려운 프로그램이 아닌 쉽고 재미있는 프로그램이라는 인식을 갖게 되어 포토샵을 다양하게 활용할 수 있게 되었으면 좋겠습니다.

이 책이 나올 수 있게 많은 조언과 기회를 연결해주신 구홍림님과 혜지원 출판사 관계자 분들 그리고 디자인 초보였던 저에게 지금의 디자인 감각을 익힐 수 있게 이끌어주신 코어 디자인 최영규 대표님 그리고 부모님께 감사드립니다.

저자 정영근

# 예제 파일 다운받기

이 책에 사용된 예제 파일을 다운받는 방법은 다음과 같습니다.

**01** 혜지원 홈페이지(http://www.hyejiwon.co.kr/)의 [자료실]에서 [어른들을 위한 가장 쉬운 포토샵 부록](easy_photoshop.zip)을 다운받습니다.

**02** 다운 받은 압축파일을 바탕화면으로 복사한 후 마우스 오른쪽 버튼으로 클릭하여 [여기에 압축풀기]를 클릭합니다.

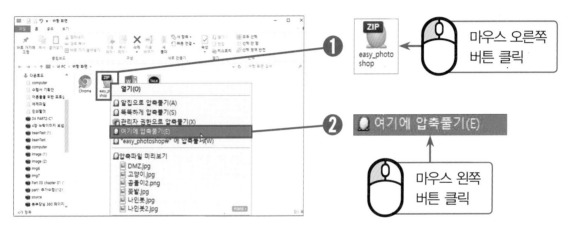

**03** 압축이 풀리면 [어른들을 위한 가장 쉬운 포토샵] 폴더가 나타납니다. 폴더를 더블클릭하여 들어가면 책에 사용된 예제 파일이 있습니다.

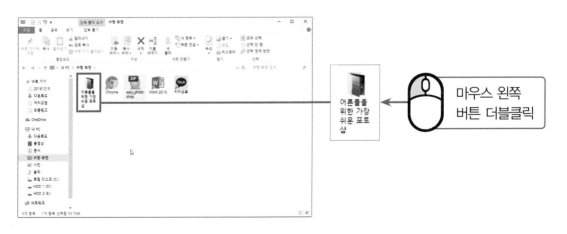

# 목차

## 제 01장  사진 불러오고 저장하기

## 제 02장  곰 인형 합성하기

## 제 03장   즉석 사진 느낌의 합성 사진 만들기

## 제 04장   반사된 사진 만들기

## 제 13장　나만을 위한 사진 만들기

## 제 14장　동안 얼굴 만들기

# 제 15장 머리 염색하기

# 제 16장 풍선타고 하늘을 날아요

# 제 19장  수묵화 느낌의 사진 만들기

# 제 01장

# 사진
# 불러오고
# 저장하기

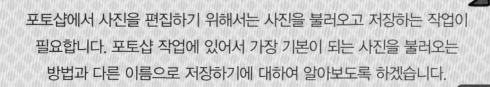

포토샵에서 사진을 편집하기 위해서는 사진을 불러오고 저장하는 작업이
필요합니다. 포토샵 작업에 있어서 가장 기본이 되는 사진을 불러오는
방법과 다른 이름으로 저장하기에 대하여 알아보도록 하겠습니다.

# 01 사진 불러오기

포토샵 작업에서 가장 기본이 되는 사진 파일을 불러오는
방법에 대하여 알아보겠습니다.

**01** 윈도우의 [시작]을 클릭한 뒤 [모든 프로그램]을 클릭하여 숨겨진 목록을 활
성화시킵니다.

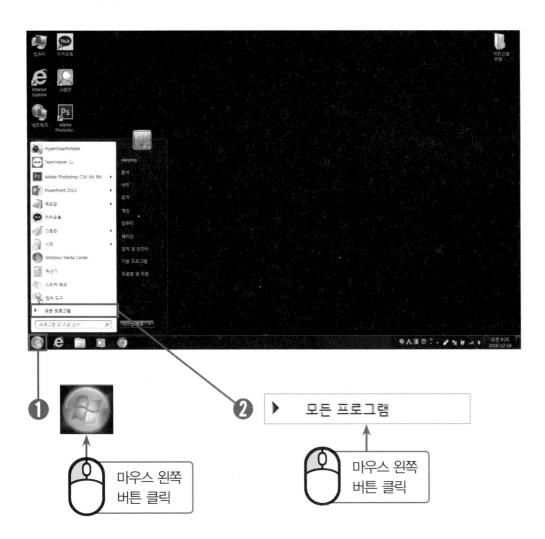

① 마우스 왼쪽
버튼 클릭

② ▶ 모든 프로그램

마우스 왼쪽
버튼 클릭

[Adobe Master Collection CS6]을 클릭하여 목록이 펼쳐지면 이 중 [Adobe Photoshop CS6(64 Bit)]를 클릭하여 포토샵을 실행시켜줍니다.

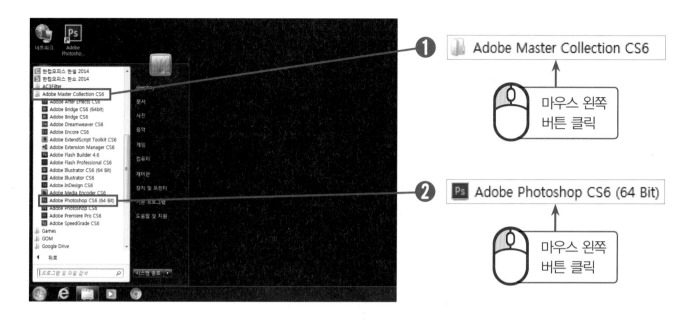

**03** 포토샵이 실행되면 화면 위쪽에 있는 [파일] 메뉴를 클릭하고 밑에 나오는 메뉴 중에서 [열기]를 클릭합니다.

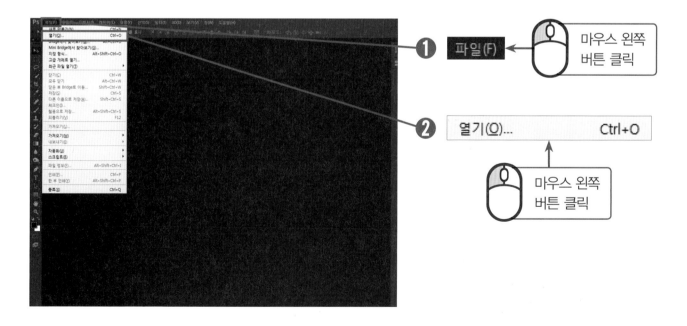

**04** [열기] 대화상자가 나오면 [바탕화면]을 클릭한 뒤 예제 파일로 제공되는 [어른들을 위한 가장 쉬운 포토샵]을 더블클릭합니다(예제 파일 다운로드 방법은 5페이지 '부록 사용법'을 참고하기 바랍니다).

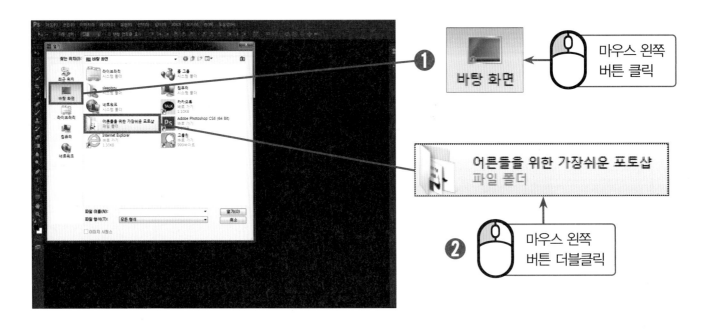

**05** 폴더 안으로 들어가면 이 중 '고양이'를 선택 후 [열기]를 클릭하여 '고양이' 사진을 열어줍니다.

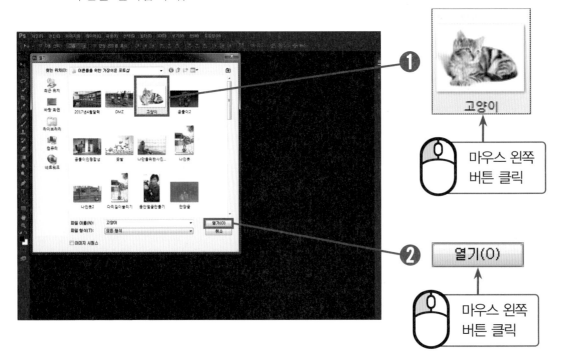

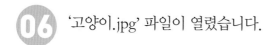 '고양이.jpg' 파일이 열렸습니다.

# 02 사진 저장하기

사진 편집 작업을 완료하면 내용의 보관 및 재사용을 위해 반드시 저장이 필요합니다. 이 중 가장 대표적인 사용 방법인 다른 이름으로 저장하기(이름 변경하여 저장하기)에 대해서 알아보겠습니다.

**01** 화면 위쪽에 있는 [파일] 메뉴를 클릭하고 밑에 나오는 메뉴 중에서 [다른 이름으로 저장]을 클릭합니다.

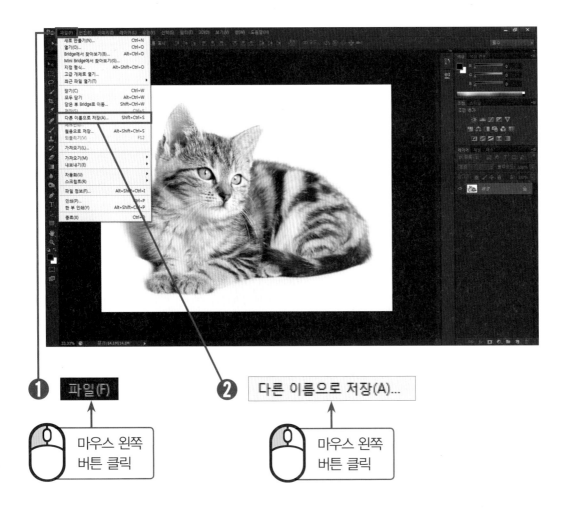

① 파일(F)

마우스 왼쪽
버튼 클릭

② 다른 이름으로 저장(A)...

마우스 왼쪽
버튼 클릭

**02** [다른 이름으로 저장] 대화상자가 나오면 [바탕화면]을 클릭한 뒤 [어른들을
위한 가장 쉬운 포토샵]을 더블클릭합니다.

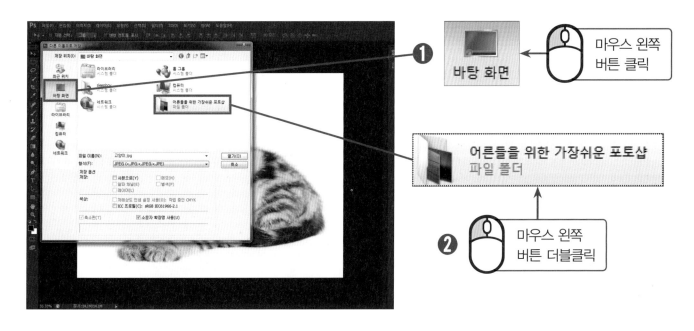

**03** [파일 이름]의 '고양이.jpg'를 클릭하여 이름변경 기능을 활성화 합니다.

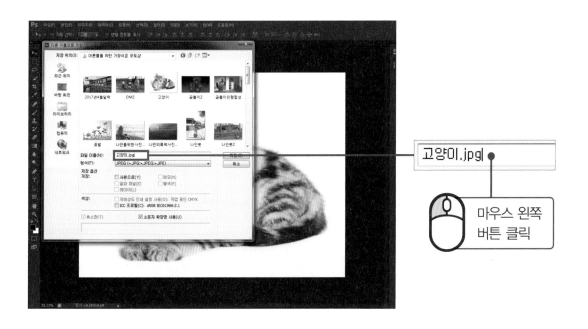

**04** [파일 이름]의 '고양이'를 Back Space 를 눌러 지운 후 '고양이2'를 입력해준
뒤 [형식]을 JPEG로 선택해 준 후 [저장]을 클릭합니다.

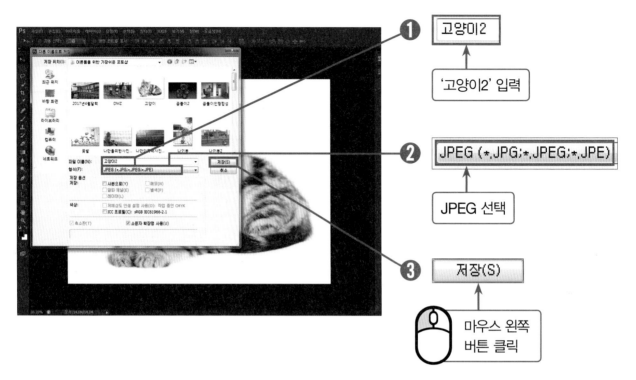

❶ 고양이2

'고양이2' 입력

❷ JPEG (*.JPG;*.JPEG;*.JPE)

JPEG 선택

❸ 저장(S)

마우스 왼쪽
버튼 클릭

**05** [JPEG 옵션] 대화상자가 나오면 품질 선택 막대기를 마우스 왼쪽 버튼을 클
릭한 채로 움직여서 8로 조정해 준 후 [확인]을 클릭합니다.

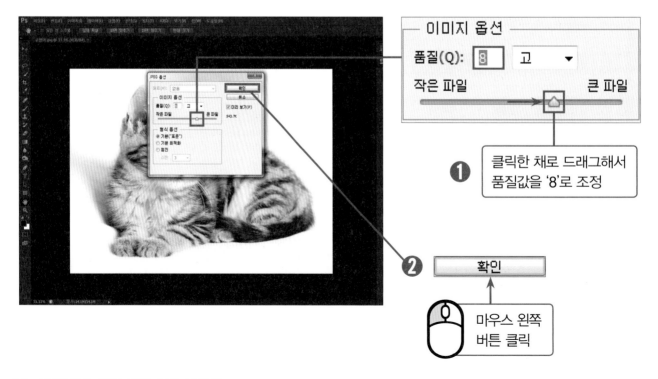

이미지 옵션

품질(Q): 8 고

작은 파일                 큰 파일

❶ 클릭한 채로 드래그해서
품질값을 '8'로 조정

❷ 확인

마우스 왼쪽
버튼 클릭

**06** [어른들을 위한 가장 쉬운 포토샵]의 폴더 안에 '고양이2.JPEG'로 저장된 것을 확인해 볼 수 있습니다.

**07** [파일] 메뉴를 클릭하고 밑에 나오는 메뉴 중에서 [닫기]를 클릭합니다.

**08** 사진창이 닫힌 것을 확인해 볼 수 있습니다. 포토샵 프로그램을 종료시키려면 화면 오른쪽 위에 있는 [닫기(❌)]를 클릭합니다.

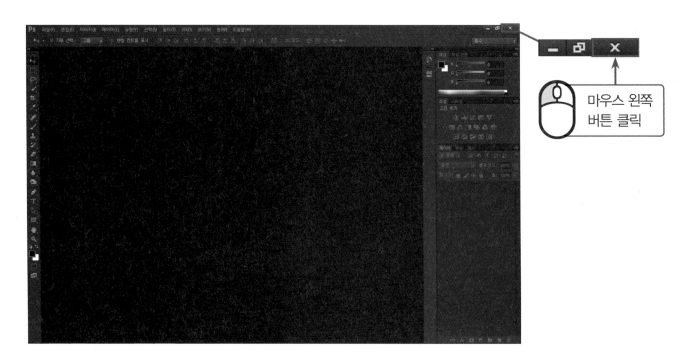

마우스 왼쪽
버튼 클릭

# 제 02장

# 곰 인형 합성하기

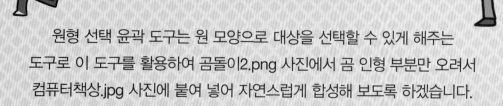

원형 선택 윤곽 도구는 원 모양으로 대상을 선택할 수 있게 해주는

도구로 이 도구를 활용하여 곰돌이2.png 사진에서 곰 인형 부분만 오려서

컴퓨터책상.jpg 사진에 붙여 넣어 자연스럽게 합성해 보도록 하겠습니다.

[ 작업 전 ]

[ 작업 후 ]

🔒팁!  원형 선택 윤곽 도구

원형 선택 윤곽 도구를 활용하면 사진을 원 형태로 선택할 수 있습니다. 특히 옵션 상자를
활용하면 영역을 추가하거나 빼줄 수 있어 더 다양한 형태로 선택할 수 있게 합니다.

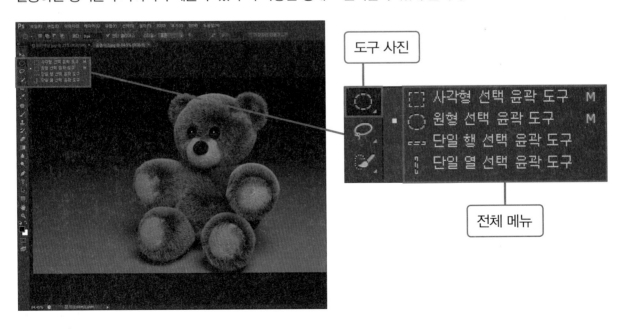

# 01 포토샵 실행하여 첫 번째 사진 불러오기

곰 인형을 합성하기 위해선 두 가지의 사진이 필요합니다.
그 중 첫 번째 사진을 불러오는 작업을 해보도록 하겠습니다.

**01** 윈도우의 [시작]을 클릭한 뒤 [모든 프로그램]을 클릭하여 숨겨진 목록을 활
성화시킵니다.

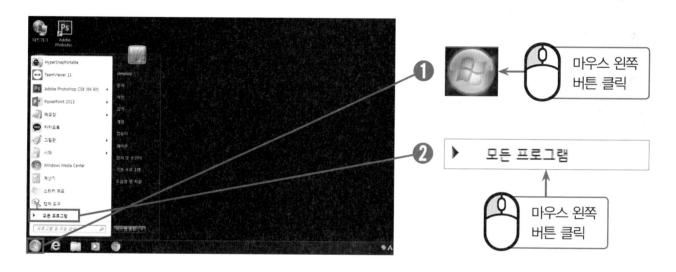

마우스 왼쪽
버튼 클릭

▶ 모든 프로그램

마우스 왼쪽
버튼 클릭

**02** [Adobe Master Collection CS6]을 클릭하여 목록이 펼쳐지면 이 중 [Adobe
Photoshop CS6(64 Bit)]를 클릭하여 포토샵을 실행시켜줍니다.

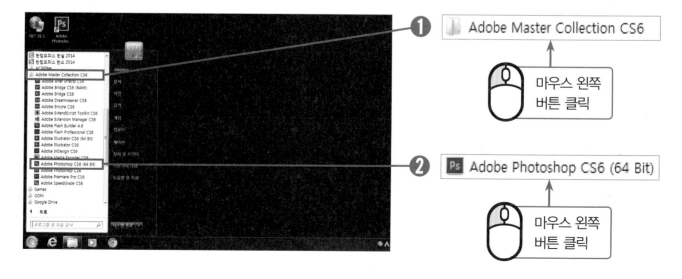

📁 Adobe Master Collection CS6

마우스 왼쪽
버튼 클릭

Ps Adobe Photoshop CS6 (64 Bit)

마우스 왼쪽
버튼 클릭

**03** 포토샵이 실행되면 화면 위쪽에 있는 [파일] 메뉴를 클릭하고 밑에 나오는
메뉴 중에서 [열기]를 클릭합니다.

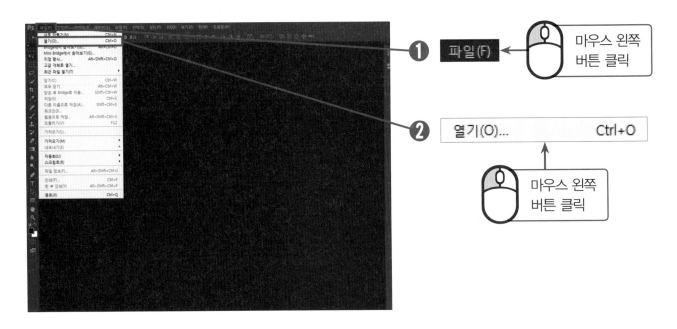

**04** [열기] 대화상자가 나오면 [바탕화면]을 클릭한 뒤 [어른들을 위한 가장 쉬운
포토샵]을 더블클릭합니다.

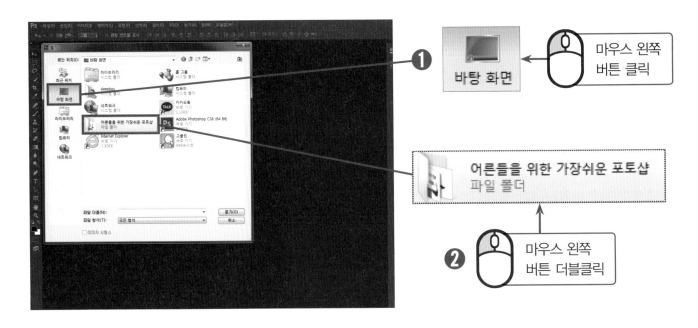

**05** [어른들을 위한 가장 쉬운 포토샵] 폴더 안으로 이동 후 열기 대화상자 오른쪽의 이동 막대기를 클릭하여 아래 방향으로 조금 움직여주어 숨겨진 목록이 나오면 이 중 '컴퓨터책상'을 선택 후 [열기]를 클릭하여 컴퓨터책상 사진을 열어줍니다.

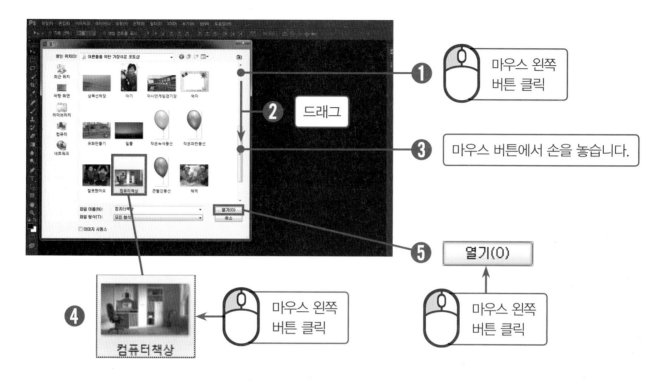

① 마우스 왼쪽 버튼 클릭

② 드래그

③ 마우스 버튼에서 손을 놓습니다.

⑤ 열기(O)

④ 컴퓨터책상

마우스 왼쪽 버튼 클릭

마우스 왼쪽 버튼 클릭

**06** '컴퓨터책상.jpg' 사진이 열렸습니다.

# 02 화면 크기에 맞게 조정하기

사진을 불러오면 사진이 작게 보여 작업하기 불편합니다. 화면 크기에 맞게 조정하기 기능을 활용하면 사진이 화면 크기에 맞게 변환되어 작업하기 편해집니다.

**01** '컴퓨터책상.jpg' 사진이 열리면 [보기] 메뉴를 클릭해서 밑에 나오는 메뉴 중에서 [화면 크기에 맞게 조정]을 클릭해서 사진의 비율을 모니터 화면에 알맞게 조정해 줍니다.

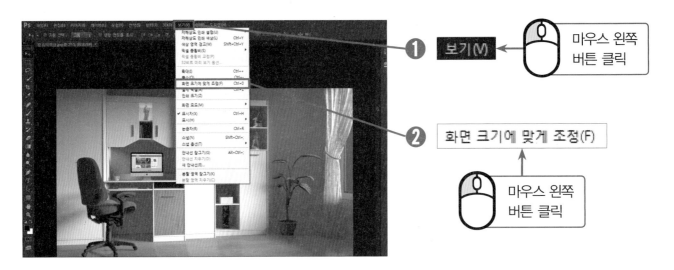

**02** 사진의 비율이 모니터 화면에 맞게 조정되었습니다.

# 03 두 번째 사진 불러오기

곰 인형을 합성하기 위해선 다른 사진이 필요합니다.
그 중 두 번째 사진을 불러오는 작업을 해보도록 하겠습니다.

**01** 화면 위쪽에 있는 [파일] 메뉴를 클릭하고 밑에 나오는 메뉴 중에서 [열기]를
클릭하여 '곰돌이2.png' 파일을 불러옵니다.

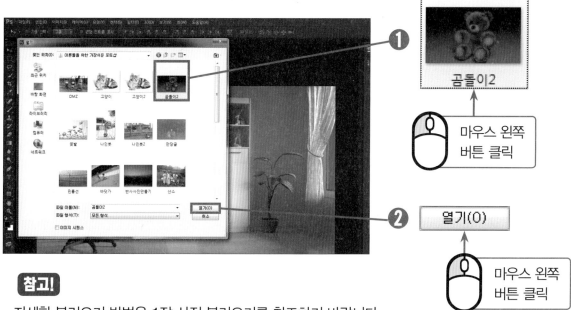

**참고!**

자세한 불러오기 방법은 1장 사진 불러오기를 참조하기 바랍니다.

**02** '곰돌이2.png'가 열렸습니다.

**03** '곰돌이2.png'가 열리면 [보기] 메뉴를 클릭하여 밑에 나오는 메뉴 중에서 [화면 크기에 맞게 조정]을 클릭하여 사진의 비율을 모니터 화면에 알맞게 조정해 줍니다.

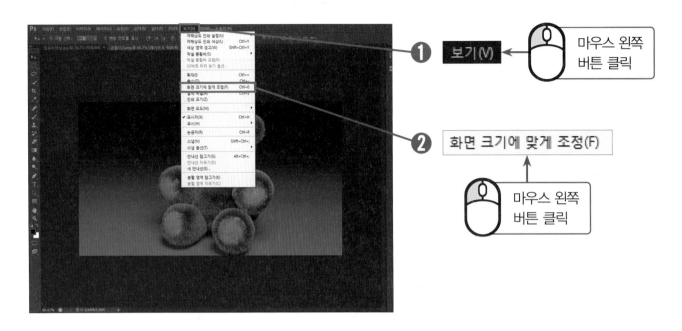

**04** 사진의 비율이 모니터 화면에 맞게 조정되었습니다.

# 04 원형 선택 도구를 활용한 곰 인형 얼굴 선택하기

원형 선택 도구를 활용하여 곰 인형의 얼굴을 부분을 선택해 보도록 하겠습니다.

**01** [사각형 선택 윤곽도구]를 마우스 왼쪽 버튼으로 클릭해주어 숨겨진 선택창이 나오면 [원형 선택 윤곽도구]를 클릭합니다. 화면 왼쪽에 있는 도구를 선택할 때는 마우스 왼쪽 버튼을 길게 누르고 있어야 옆에 메뉴가 나타납니다.

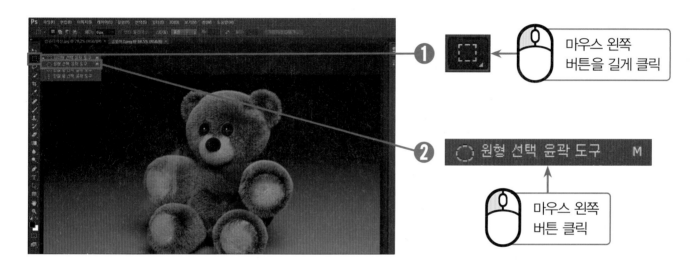

마우스 왼쪽 버튼을 길게 클릭

원형 선택 윤곽 도구 M

마우스 왼쪽 버튼 클릭

**02** 곰 인형의 왼쪽 귀 부근으로 마우스 커서를 움직입니다.

마우스 이동

**03** 마우스 왼쪽 버튼을 누른 상태로 드래그해서 얼굴이 선택되면 마우스 왼쪽
버튼을 놓아줍니다.

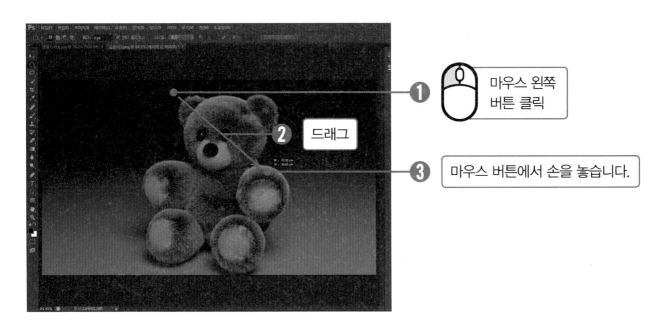

**1** 마우스 왼쪽
버튼 클릭

**2** 드래그

**3** 마우스 버튼에서 손을 놓습니다.

**04** 곰 인형의 얼굴이 선택되었습니다.

# 05 원형 선택 도구를 활용한 곰 인형 얼굴(귀) 선택하기

원형 선택 도구를 활용하여 곰 인형의 귀 부분을 선택해 보도록 하겠습니다.

**01** 화면 상단의 [선택영역 추가]를 클릭하여 추가 영역을 선택할 수 있게 해준 후 곰 인형의 왼쪽 귀 부근으로 마우스 커서를 움직여줍니다.

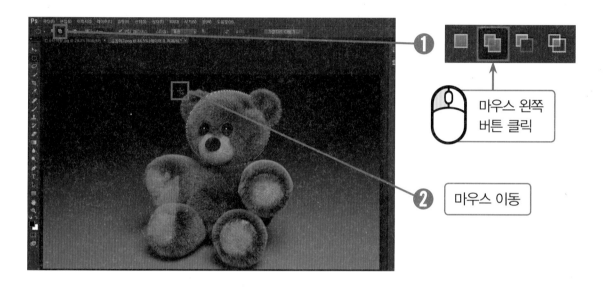

❶ 마우스 왼쪽 버튼 클릭

❷ 마우스 이동

**02** 마우스 왼쪽 버튼을 누른 상태로 움직이다 왼쪽 귀가 선택되면 마우스 왼쪽 버튼을 놓아줍니다.

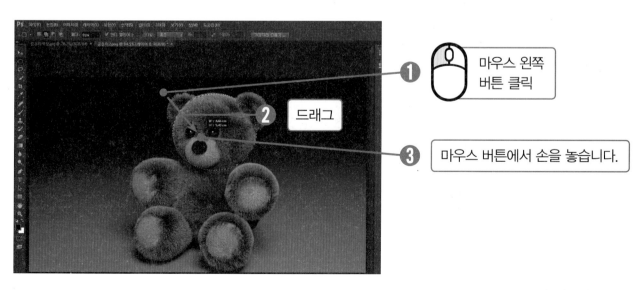

❶ 마우스 왼쪽 버튼 클릭

❷ 드래그

❸ 마우스 버튼에서 손을 놓습니다.

곰 인형의 왼쪽 귀가 선택되었습니다.

 곰 인형의 오른쪽 귀 부근으로 마우스 커서를 움직여줍니다.

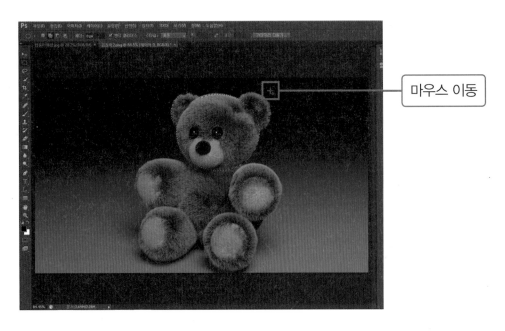

마우스 이동

**05** 마우스 왼쪽 버튼을 누른 상태로 움직이다 오른쪽 귀가 선택되면 마우스 왼
쪽 버튼을 놓아줍니다.

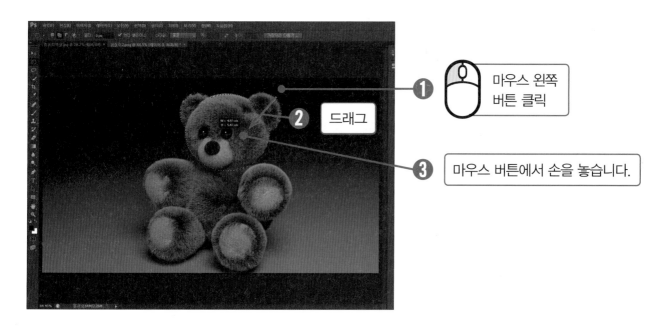

**06** 곰 인형의 오른쪽 귀가 선택되었습니다.

# 06 원형 선택 도구를 활용한 곰 인형 팔 선택하기

원형 선택 도구를 활용하여 곰 인형의 팔 부분을 선택해 보도록 하겠습니다.

**01** 곰 인형의 왼쪽 팔 부근으로 마우스 커서를 움직여줍니다.

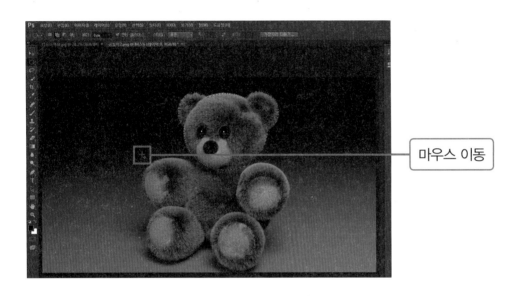

마우스 이동

**02** 마우스 왼쪽 버튼을 누른 상태로 움직이다 왼쪽 팔이 선택되면 마우스 왼쪽 버튼을 놓아줍니다.

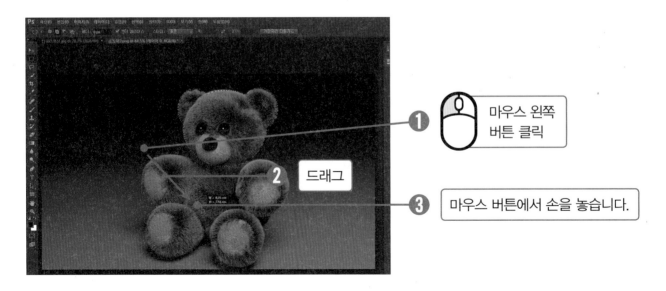

**1** 마우스 왼쪽 버튼 클릭

**2** 드래그

**3** 마우스 버튼에서 손을 놓습니다.

곰 인형의 왼쪽 팔이 선택되었습니다.

 곰 인형의 오른쪽 팔 부근으로 마우스 커서를 움직여줍니다.

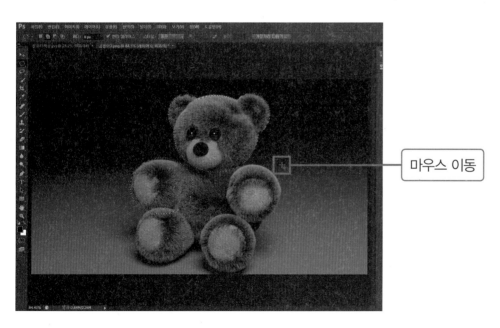

마우스 이동

**05** 마우스 왼쪽 버튼을 누른 상태로 움직이다 오른쪽 팔이 선택되면 마우스 왼
쪽 버튼을 놓아줍니다.

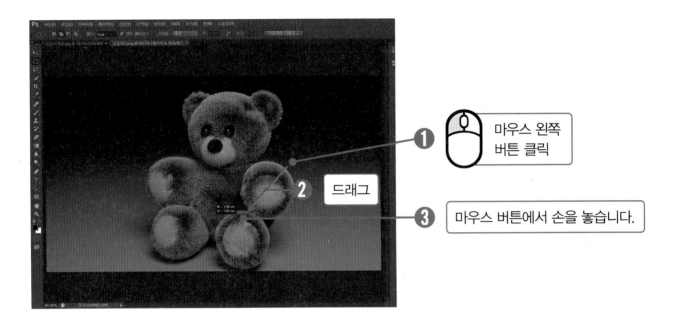

① 마우스 왼쪽
버튼 클릭

2 드래그

③ 마우스 버튼에서 손을 놓습니다.

**06** 곰 인형의 오른쪽 팔이 선택되었습니다.

# 07 원형 선택 도구를 활용한 곰 인형 발 선택하기

원형 선택 도구를 활용하여 곰 인형의 발 부분을 선택해 보도록 하겠습니다.

 곰 인형의 왼쪽 발 부근으로 마우스 커서를 움직여줍니다.

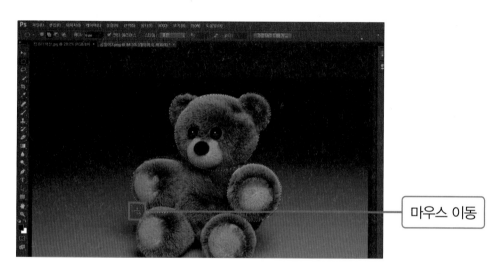

마우스 이동

02 마우스 왼쪽 버튼을 누른 상태로 움직이다 왼쪽 발이 선택되면 마우스 왼쪽 버튼을 놓아줍니다.

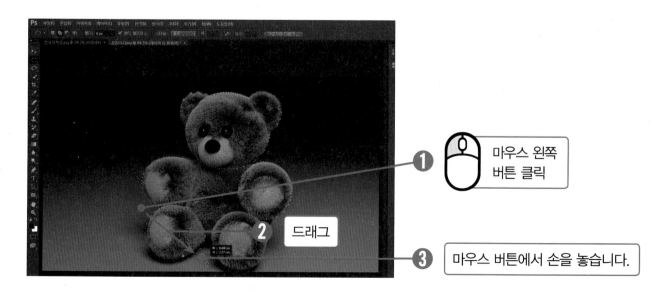

❶ 마우스 왼쪽 버튼 클릭

2 드래그

❸ 마우스 버튼에서 손을 놓습니다.

**03** 곰 인형의 왼쪽 발이 선택되었습니다.

**04** 곰 인형의 오른쪽 발 부근으로 마우스 커서를 움직여 줍니다.

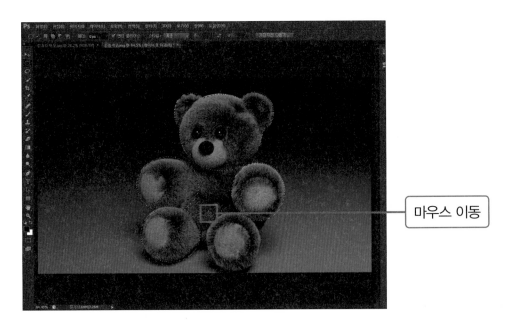

마우스 이동

**05** 마우스 왼쪽 버튼을 누른 상태로 움직이다 오른쪽 발이 선택되면 마우스 왼
쪽 버튼을 놓아줍니다.

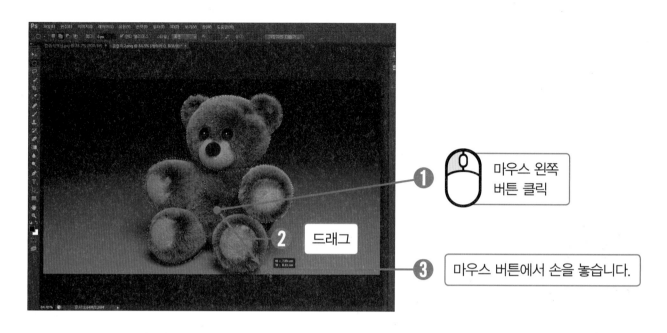

**①** 마우스 왼쪽
버튼 클릭

**②** 드래그

**③** 마우스 버튼에서 손을 놓습니다.

**06** 곰 인형의 오른쪽 발이 선택되었습니다.

# 08 원형 선택 도구를 활용한 곰 인형 몸통 선택하기

원형 선택 도구를 활용하여 곰 인형의 몸통 부분을 선택해 보도록 하겠습니다.

**01** 곰 인형의 오른쪽 발 안쪽 부근으로 마우스 커서를 움직여 줍니다.

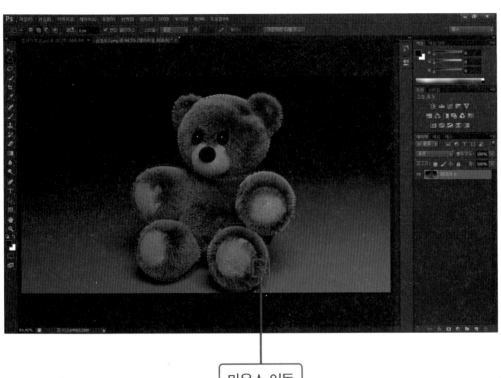

마우스 이동

마우스 왼쪽 버튼을 누른 상태로 움직이다 몸통이 선택되면 마우스 왼쪽 버튼을 놓아줍니다.

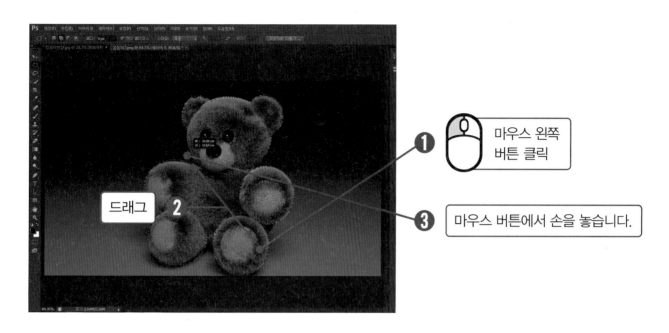

드래그 **2**

**1** 마우스 왼쪽
버튼 클릭

**3** 마우스 버튼에서 손을 놓습니다.

**03** 곰 인형의 몸통이 선택되었습니다.

# 09 곰 인형 합성하기

앞에서 선택한 곰 인형을 컴퓨터 책상에 붙여 넣어 보겠습니다.

**01** [편집] 메뉴를 클릭하여 밑에 나오는 메뉴 중에서 [복사]를 클릭하여 곰돌이
사진을 복사하여 줍니다.

① 편집(E)     마우스 왼쪽 버튼 클릭

② 복사(C)     Ctrl+C     마우스 왼쪽 버튼 클릭

**02** '컴퓨터책상.jpg' 창을 클릭하여 컴퓨터책상 사진창으로 이동합니다.

컴퓨터책상.jpg @ 28.2% (RGB/8#) ✕

마우스 왼쪽 버튼 클릭

'곰돌이2.png' 창이 '컴퓨터책상.jpg' 창으로 바뀌었습니다.

[편집] 메뉴를 클릭하여 밑에 나오는 메뉴 중에서 [붙여넣기]를 클릭하여 앞
에서 복사해준 곰돌이 사진을 붙여 줍니다.

**05** 곰돌이 인형이 '컴퓨터책상' 사진 안으로 복사되었습니다. 화면 왼쪽의 도구
상자 중 [이동 도구]를 클릭하고 곰돌이 인형을 마우스 왼쪽 버튼으로 클릭
한 뒤 드래그해서 화분 부근으로 움직인 후 왼쪽 버튼을 놓아줍니다.

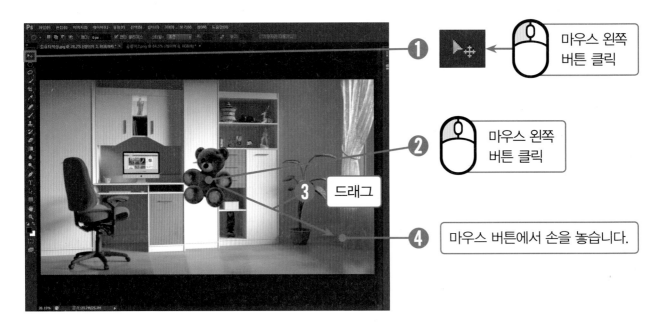

❶ 마우스 왼쪽
버튼 클릭

❷ 마우스 왼쪽
버튼 클릭

❸ 드래그

❹ 마우스 버튼에서 손을 놓습니다.

**06** 다음 화면처럼 곰돌이 인형이 나무 근처로 이동된 것을 볼 수 있습니다.

# 10 완성된 사진 저장하기

지금까지 작업한 사진을 저장해 보겠습니다.

**01** 모든 작업이 완료되면 내용을 저장하기 위해 화면 위쪽에 있는 [파일] 메뉴
를 클릭하고 밑에 나오는 메뉴 중에서 [다른 이름으로 저장]을 클릭합니다.

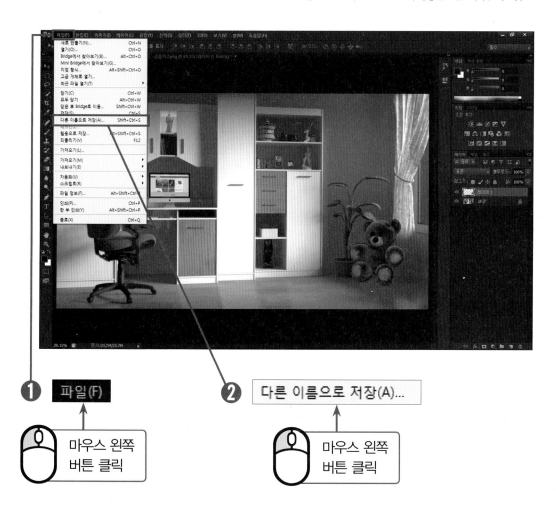

**❶** 파일(F)

마우스 왼쪽
버튼 클릭

**❷** 다른 이름으로 저장(A)...

마우스 왼쪽
버튼 클릭

**02** [다른 이름으로 저장] 대화상자가 나오면 [바탕화면]을 클릭한 뒤 [어른들을
위한 가장 쉬운 포토샵]을 더블클릭합니다.

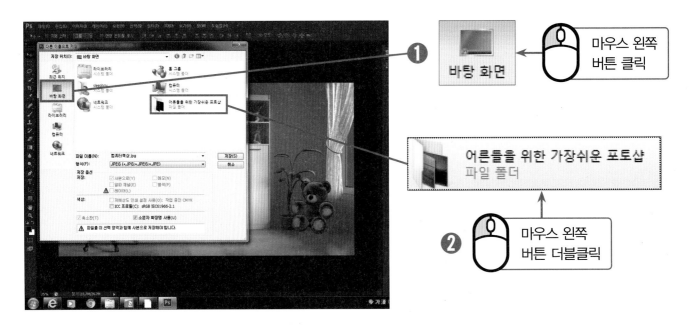

**03** [파일 이름]의 '컴퓨터책상.jpg'를 클릭하여 이름변경 기능을 활성화 합니다.

**04** [파일 이름]의 '컴퓨터책상.jpg'를 Back Space 를 눌러 지운 후 '곰돌이인형합
성'을 입력 해준 뒤 [형식]을 JPEG로 선택하고 [저장]을 클릭합니다.

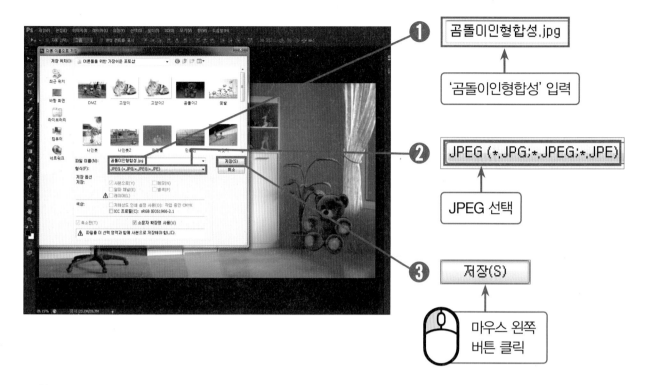

❶ 곰돌이인형합성.jpg

'곰돌이인형합성' 입력

❷ JPEG (*.JPG;*.JPEG;*.JPE)

JPEG 선택

❸ 저장(S)

마우스 왼쪽
버튼 클릭

**05** [JPEG 옵션] 대화상자가 나오면 품질 선택 막대기를 마우스 왼쪽 버튼을 클
릭해 움직여서 8로 조정해 준 후 [확인]을 클릭합니다.

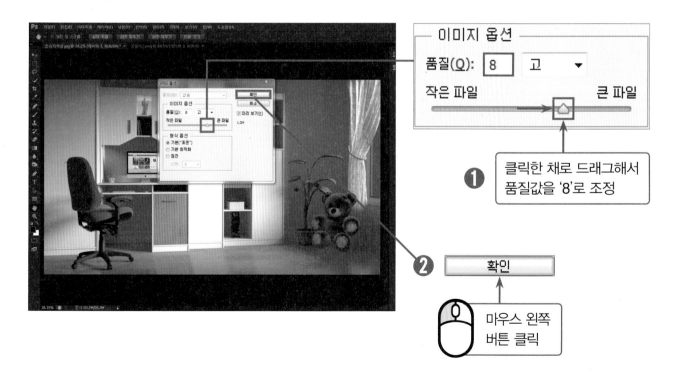

이미지 옵션

품질(Q): 8    고    ▼

작은 파일                          큰 파일

❶ 클릭한 채로 드래그해서
품질값을 '8'로 조정

❷ 확인

마우스 왼쪽
버튼 클릭

■ PSD : 포토샵 전용 사진 형식으로 작업한 사진과 레이어, 채널 등이 저장되지만 다른
　　　　사진 형식보다 크기가 큽니다.

■ GIF : 작업한 사진을 256색 이하의 색상으로 저장하여 다른 파일 속성에 비해 화질
　　　　은 낮으나 뛰어난 압축률과 투명 영역을 사용할 수 있으며 이러한 특징으로 인
　　　　해 과거 인터넷에 올리는 사진으로 많이 사용되었으며 현재는 움직이는 사진
　　　　으로 주로 사용됩니다.

■ JPG : JPEG로도 불리며 트루컬러 이미지를 지원하고 단계적으로 이미지를 압축할
　　　　수 있는 장점이 있으며 디카, 폰카, DSRL 등으로 촬영시 기본으로 설정되어
　　　　있는 사진 파일 확장자입니다.

■ PNG : GIF와 JPEG 파일의 장점만 이용해 개발된 인터넷 전용 사진 파일로 배경이
　　　　투명한 이미지 파일입니다.

# 제 03장

# 즉석 사진 느낌의 합성 사진 만들기

사용자가 원하는 지점을 자유롭게 클릭해 가며 각진 형태로 선택을 할 수 있게 해주는 다각형 올가미 도구를 활용하여 DMZ.jpg 사진의 일부분을 액자.jpg에 오려 붙여 넣어 즉석 사진 느낌의 합성 사진을 만들어 보겠습니다.

**[ 작업 전 ]**

**[ 작업 후 ]**

🔒팁! 다각형 올가미 도구

다각형 올가미 도구를 활용하면 사진을 선형의 형태로 선택할 수 있게 합니다. 또 옵션 상자를 활용하면 선택 작업이 완료된 후에도 영역을 추가하거나 빼줄 수 있어 더욱 다 양한 형태로 선택할 수 있게 합니다.

**팁!** [편집]의 [특수 붙여넣기]

일반적으로 붙여넣는 방법 외에 별도의 기능을 부여하여 붙여넣는 기능으로 [제 자리
에 붙여넣기], [안쪽에 붙여넣기]. [바깥쪽에 붙여넣기]가 있습니다.
[제 자리에 붙여넣기]는 복사한 내용의 원래 위치에 붙여지며 [안쪽에 붙여넣기]는 선
택한 영역의 안쪽에만 사진이 채워지고 [바깥쪽에 붙여넣기]는 선택한 영역을 제외한
바깥쪽 영역에만 사진이 채워집니다.

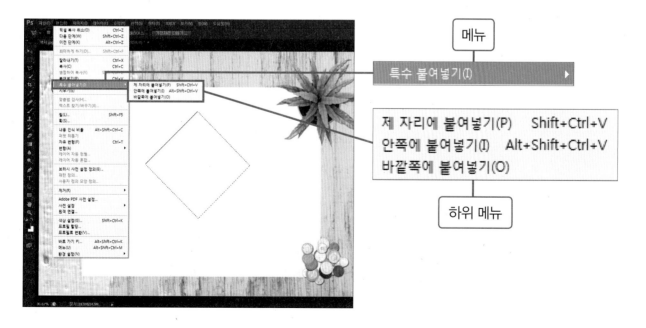

〈 제 자리에 붙여넣기 〉

〈 안쪽에 붙여넣기 〉

〈 바깥쪽에 붙여넣기 〉

# 01 포토샵 실행하여 첫 번째 사진 불러오기

즉석 사진 느낌의 합성 사진을 만들기 위해선 두 가지의 사진
이 필요합니다. 그 중 첫 번째 사진을 불러오는 작업을 해보
도록 하겠습니다.

**01** 윈도우의 [시작]을 클릭한 뒤 [모든 프로그램]을 클릭하여 숨겨진 목록을 활
성화시킵니다.

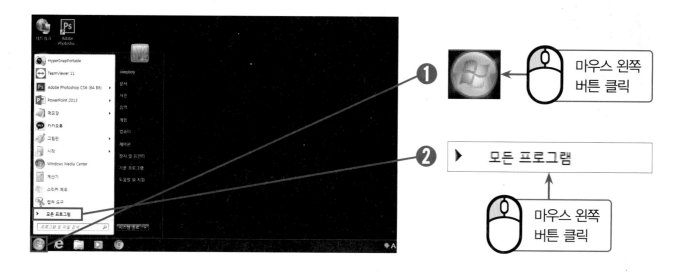

마우스 왼쪽
버튼 클릭

▶ 모든 프로그램

마우스 왼쪽
버튼 클릭

**02** [Adobe Master Collection CS6]을 클릭하여 목록이 펼쳐지면 이 중 [Adobe
Photoshop CS6(64 Bit)]를 클릭하여 포토샵을 실행시켜줍니다.

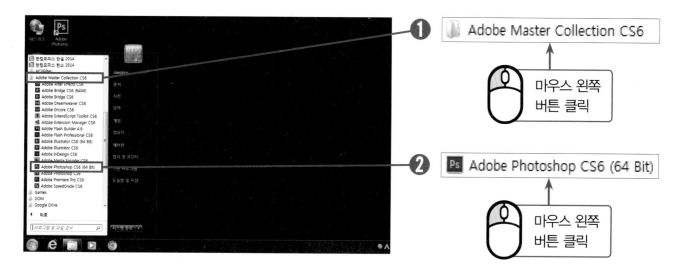

Adobe Master Collection CS6

마우스 왼쪽
버튼 클릭

Ps Adobe Photoshop CS6 (64 Bit)

마우스 왼쪽
버튼 클릭

**03** 포토샵이 실행되면 화면 위쪽에 있는 [파일] 메뉴를 클릭하고 밑에 나오는
메뉴 중에서 [열기]를 클릭합니다.

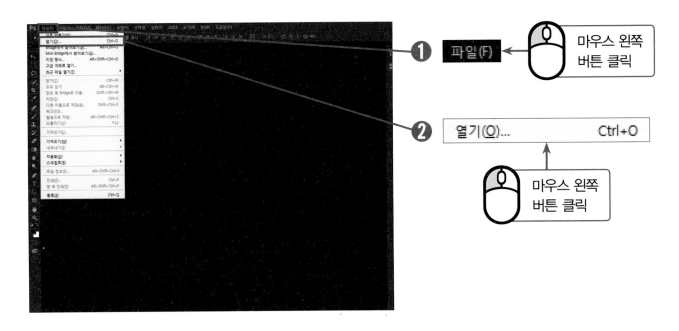

**04** 열기 대화상자가 나오면 [바탕화면]을 클릭한 뒤 [어른들을 위한 가장 쉬운
포토샵]을 더블클릭합니다.

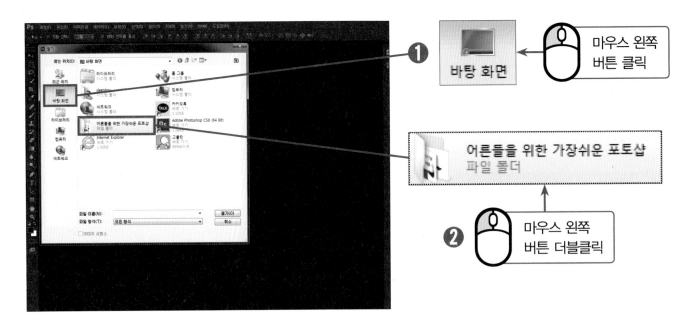

**05** 열기 대화상자 오른쪽의 이동 막대기를 클릭하여 아래 방향으로 움직여주어 숨겨진 목록이 나오면 이 중 '액자.jpg'를 선택 후 [열기]를 클릭하여 액자 사진을 열어줍니다.

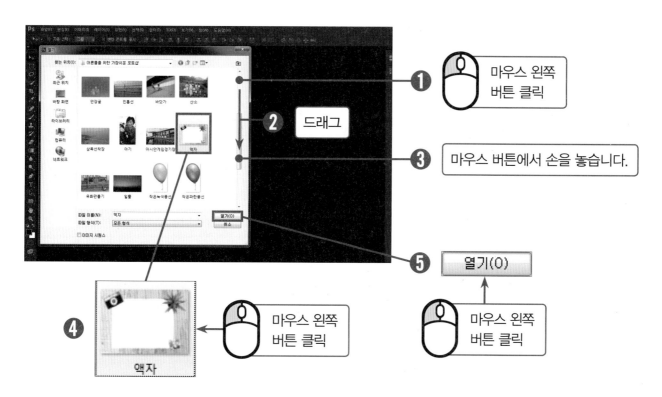

**06** '액자' 이미지가 열렸습니다.

# 02 화면 크기에 맞게 조정하기

사진을 불러오면 작은 화면으로 사진이 보여 작업하기 불편합니다. 화면 크기에 맞게 조정하기 기능을 활용하면 사진이 화면에 크기에 맞게 변환되어 작업하기 편해집니다.

**01** '액자' 사진이 열리면 화면 상단의 [보기] 메뉴를 클릭하여 밑에 나오는 메뉴 중에서 [화면 크기에 맞게 조정]을 클릭하여 사진의 비율을 모니터 화면에 알맞게 조정해 줍니다.

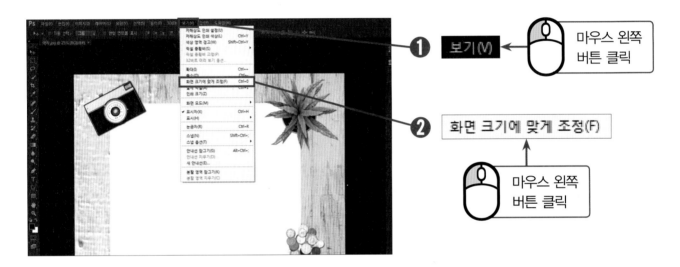

**02** 사진의 비율이 모니터 화면에 맞게 조정되었습니다.

# 03 두 번째 사진 불러오기

즉석 사진 느낌의 합성 사진을 만들기 위해선 두 가지의 사진이 필요합니다. 그 중 두 번째 사진을 불러오는 작업을 해보도록 하겠습니다.

**01** '액자' 사진이 화면 크기에 맞게 조정되면 화면 상단의 [파일] 메뉴를 클릭하고 밑에 나오는 메뉴 중에서 [열기]를 클릭합니다.

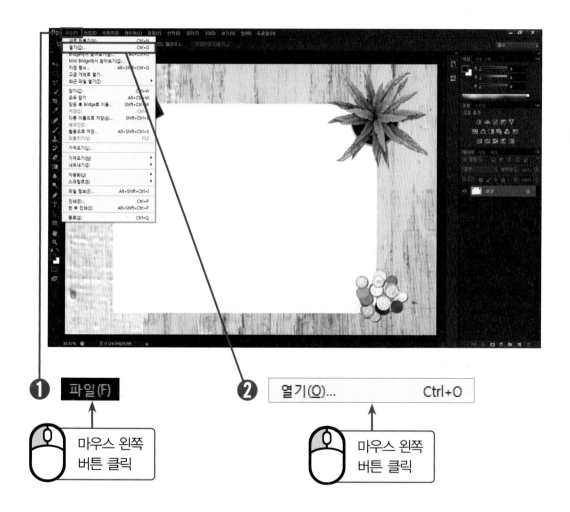

❶ 파일(F) → 마우스 왼쪽 버튼 클릭

❷ 열기(O)...    Ctrl+O → 마우스 왼쪽 버튼 클릭

'DMZ.jpg'를 선택 후 [열기]를 클릭하여 'DMZ' 사진을 열어줍니다.

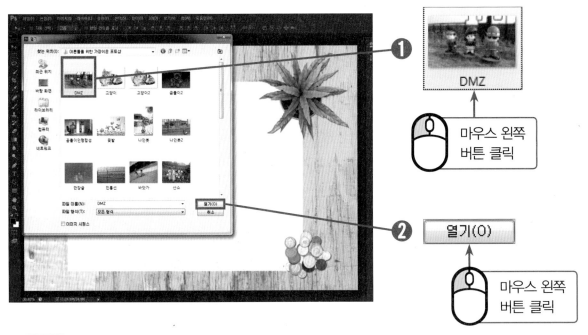

①

②

마우스 왼쪽
버튼 클릭

열기(O)

마우스 왼쪽
버튼 클릭

참고!

자세한 불러오기 방법은 1장 사진 불러오기를 참조하기 바랍니다.

 'DMZ' 사진이 열렸습니다.

**04** 'DMZ' 사진이 열리고 [보기] 메뉴를 클릭해서 밑에 나오는 메뉴 중에서 [화면 크기에 맞게 조정]을 클릭하여 사진의 비율을 모니터 화면에 알맞게 조정해 줍니다.

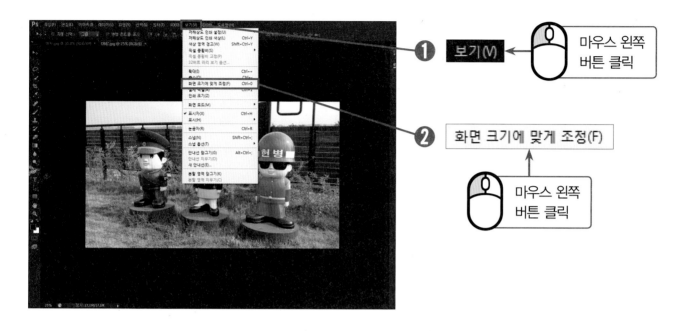

**05** 사진의 비율이 모니터 화면에 맞게 조정되었습니다.

# 04 다각형 올가미 도구를 활용하여 사진 선택하기 ①

다각형 올가미 도구를 활용하여 액자에 넣어줄 사진을 선택
해 보도록 하겠습니다.

**01** 화면 왼쪽의 [올가미 도구]를 마우스 왼쪽 버튼으로 길게 클릭해주어 숨겨진
선택창이 나오면 [다각형 올가미 도구]를 선택합니다.

① 마우스 왼쪽
버튼을 길게 클릭

② 다각형 올가미 도구  ㄴ

마우스 왼쪽
버튼 클릭

**02** 다각형 올가미 도구로 바뀌면 왼쪽 펜스 부분에서 마우스 왼쪽 버튼을 클릭
합니다.

마우스 왼쪽
버튼 클릭

**03** 왼쪽 펜스 부분에서 마우스 왼쪽 버튼을 클릭한 상태에서 펜스 오른쪽 부분
까지 움직인 후 다시 마우스 왼쪽 버튼을 클릭합니다.

**04** 마우스 왼쪽 버튼이 클릭된 상태에서 마우스를 움직여 사진 아래 부분까지
움직인 후 다시 마우스 왼쪽을 클릭합니다.

**05** 마우스 왼쪽 버튼이 클릭된 상태에서 마우스를 움직여 사진 왼쪽 방향으로 움직인 후 다시 마우스 왼쪽 버튼을 클릭합니다.

**06** 마우스 왼쪽 버튼이 클릭된 상태로 마우스를 움직여 사각형 도형을 그리기 시작한 시작 지점으로 커서를 움직인 후 마우스 왼쪽 버튼을 클릭하여 사각형 선택영역을 완성합니다.

사각형 선택영역이 완성되었습니다.

 [편집] 메뉴를 클릭하여 밑에 나오는 메뉴 중에서 [복사]를 클릭합니다.

# 05

## 다각형 올가미 도구를 활용하여 사진 선택하기 ②

다각형 올가미 도구를 활용하여 액자에 넣어줄 사진을 선택
해 보도록 하겠습니다.

**01** '액자.jpg' 창의 이름을 클릭하여 'DMZ.jpg' 창에서 '액자.jpg' 창으로 이동합
니다.

마우스 왼쪽
버튼 클릭

**02** 'DMZ.jpg' 창이 '액자.jpg' 창으로 바뀌었습니다.

**03** 다각형 올가미 도구가 선택된 상태로 사각형 왼쪽 상단 부분에서 마우스 왼쪽 버튼을 클릭합니다.

마우스 왼쪽
버튼 클릭

**04** 마우스 왼쪽 버튼을 클릭한 상태에서 사각형 오른쪽 상단 부분까지 움직인 후 다시 마우스 왼쪽 버튼을 클릭합니다.

① 마우스 클릭한 상태로 이동

② 마우스 왼쪽
버튼 클릭

**05** 마우스 왼쪽 버튼을 클릭한 상태에서 사각형 오른쪽 하단 부분까지 움직인
후 다시 마우스 왼쪽 버튼을 클릭합니다.

① 마우스 클릭한 상태로 이동

② 마우스 왼쪽
버튼 클릭

**06** 마우스 왼쪽 버튼을 클릭한 상태에서 사각형 왼쪽 하단 부분까지 움직여 다
시 마우스 왼쪽 버튼을 클릭합니다.

① 마우스 클릭한 상태로 이동

② 마우스 왼쪽
버튼 클릭

**07** 마우스 왼쪽 버튼이 클릭된 상태로 마우스를 움직여 사각형 도형을 그리기 시작한 시작 지점으로 커서를 움직인 후 마우스 왼쪽 버튼을 클릭하여 사각형 선택영역을 완성합니다.

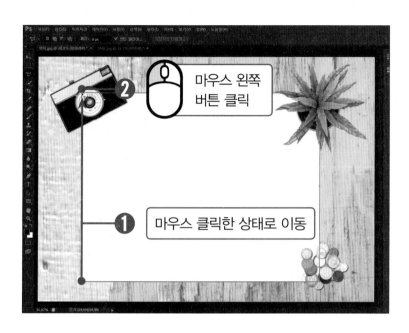

**08** 사각형 선택영역이 완성되었습니다.

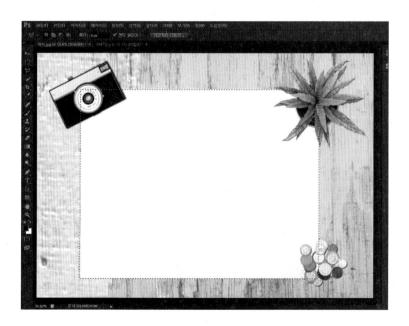

# 06 선택영역에 맞게 사진 넣기

앞에서 선택해준 사진을 액자에 알맞게 넣어 보도록 하겠습니다.

**01** [편집] 메뉴를 클릭하여 밑에 나오는 메뉴 중에서 [특수 붙여넣기]의 [안쪽에 붙여넣기]를 클릭하여 앞에서 복사해준 'DMZ' 사진을 붙여 넣어 줍니다.

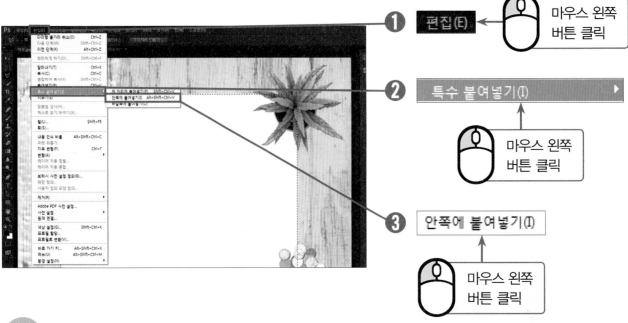

❶ 편집(E) ← 마우스 왼쪽 버튼 클릭

❷ 특수 붙여넣기(I) ▶ 마우스 왼쪽 버튼 클릭

❸ 안쪽에 붙여넣기(I) 마우스 왼쪽 버튼 클릭

**02** 'DMZ' 사진이 액자의 선택영역에 맞게 복사되었습니다.

# 07 완성된 사진 저장하기

지금까지 작업한 사진을 저장해 보겠습니다.

**01** 모든 작업이 완료되면 화면 위쪽에 있는 [파일] 메뉴를 클릭하고 밑에 나오는 메뉴 중에서 [다른 이름으로 저장]을 클릭합니다.

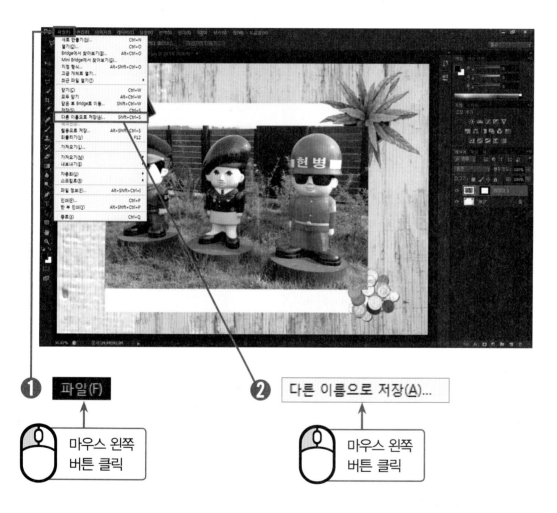

**1** 파일(F) → 마우스 왼쪽 버튼 클릭

**2** 다른 이름으로 저장(A)... → 마우스 왼쪽 버튼 클릭

**02** [다른 이름으로 저장] 대화상자가 나오면 [바탕화면]을 클릭한 뒤 [어른들을
위한 가장 쉬운 포토샵]을 더블클릭합니다.

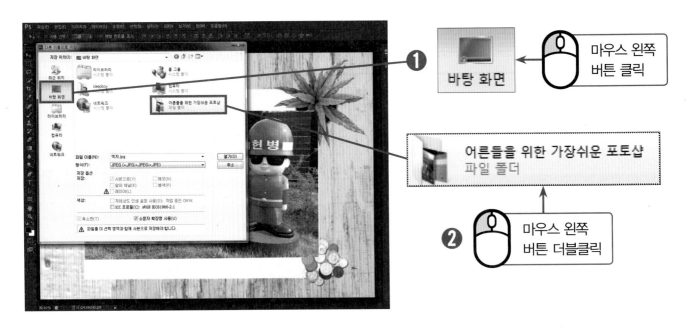

**03** [파일 이름]의 '액자.jpg'를 클릭하여 이름변경 기능을 활성화합니다.

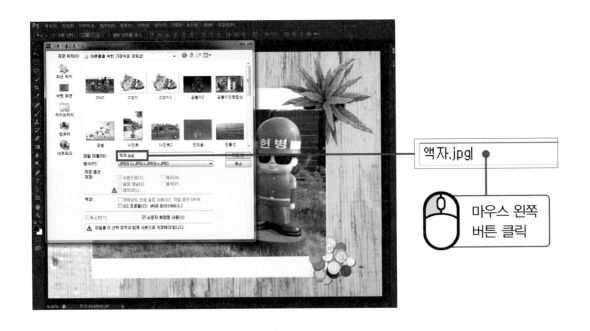

**04** [파일 이름]의 '액자.jpg'를 [Back Space]를 눌러 지운 후 '즉석사진만들기'를
입력 해준 뒤 [형식]을 JPEG로 선택해 준 후 [저장]을 클릭합니다.

❶ 즉석사진만들기.jpg

'즉석사진만들기' 입력

❷ JPEG (*.JPG;*.JPEG;*.JPE)

JPEG 선택

❸ 저장(S)

마우스 왼쪽
버튼 클릭

**05** [JPEG 옵션] 대화상자가 나오면 품질 선택 막대기를 마우스 왼쪽 버튼을 클
릭해 움직여서 8로 조정해 준 후 [확인]을 클릭합니다.

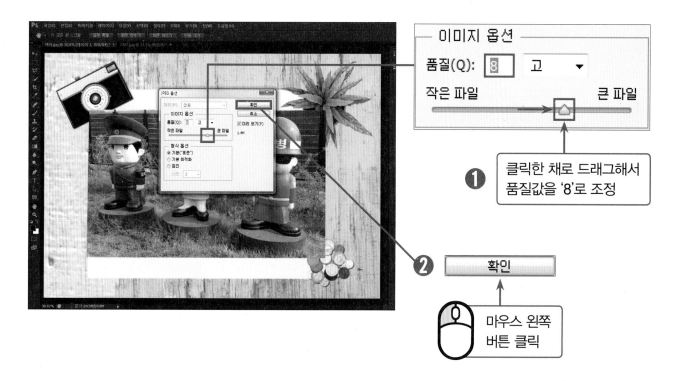

이미지 옵션

품질(Q): 8   고 ▼

작은 파일                큰 파일

❶ 클릭한 채로 드래그해서
품질값을 '8'로 조정

❷ 확인

마우스 왼쪽
버튼 클릭

**06** [어른들을 위한 가장 쉬운 포토샵] 폴더 안에 '즉석사진만들기.JPEG'로 저장된 것을 확인해 볼 수 있습니다.

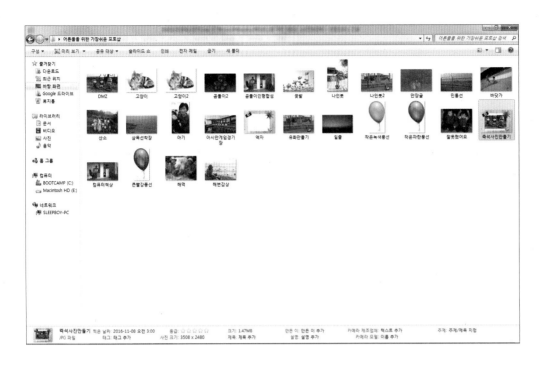

# 제 04장

# 반사된 사진 만들기

포토샵에서 같은 사진을 복사해 주는 [레이어 복제] 기능과 사진의 빈 공간을
추가로 만들어 주는 [캔버스 크기], 사진의 방향을 조절해 주는 [회전] 기능을 활용하여
일출사진에 빈 공간을 만든 뒤 복제하여 반사된 사진을 만들어보겠습니다.

[ 작업 전 ]　　　　　　　　　　　　[ 작업 후 ]

**🔒팁!** 레이어(Layer)

포토샵의 합성 작업시 사진 여러 장을 겹쳐서 최종 결과물을 만들어 내게 되는데 이때 겹쳐진 각각의 사진을 레이어라고 합니다. 예를 들어 다음과 같이 배경, 배경 사본, 배경사본2가 있다면 레이어는 총 3장이 되는 것입니다.

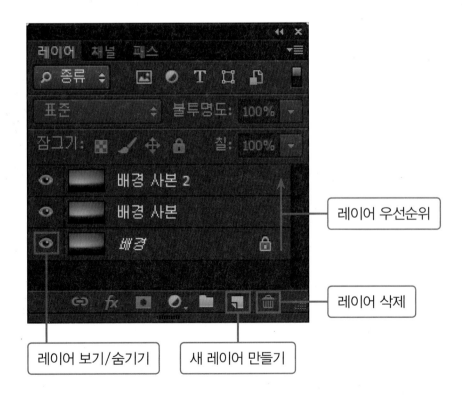

레이어 우선순위

레이어 삭제

레이어 보기/숨기기　　　새 레이어 만들기

# 01 포토샵 실행하여 사진 불러오기

반사된 사진을 만들기 위해 포토샵을 실행한 후 사진을 불러
오는 작업을 해보도록 하겠습니다.

**01** 포토샵이 실행되면 화면 위쪽에 있는 [파일] 메뉴를 클릭하고 밑에 나오는
메뉴 중에서 [열기]를 클릭합니다.

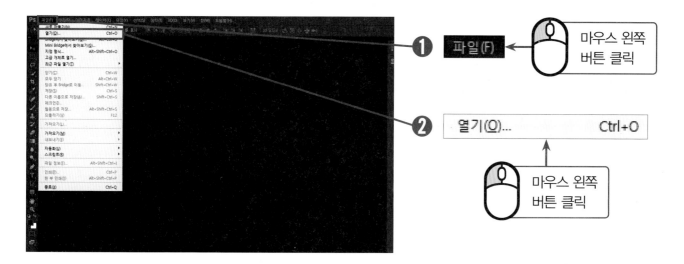

**02** [열기] 대화상자가 나오면 [바탕화면]을 클릭한 뒤 [어른들을 위한 가장 쉬운
포토샵]을 더블 클릭하여 폴더 안으로 이동한 후 '일출' 파일을 선택 후 [열
기]를 클릭하여 일출 사진을 열어줍니다.

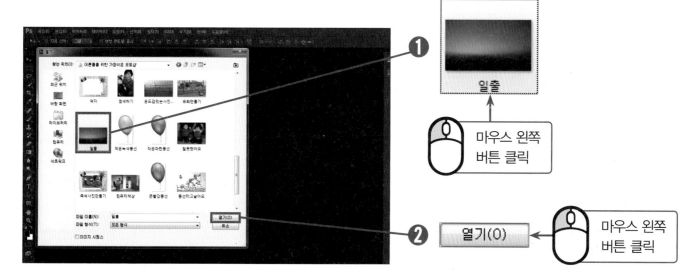

# 02 레이어 복제하기

반사되는 사진을 만들기 위해서는 똑같은 사진 한 장이 더 필요합니다. 이를 위해 레이어 복제 기능을 활용하여 같은 사진을 한 장 더 만들어 겹쳐 보도록 하겠습니다.

**01** 일출 사진이 열리면 화면 상단의 [레이어] 메뉴를 클릭하여 밑에 나오는 메뉴 중에서 [레이어 복제]를 클릭합니다.

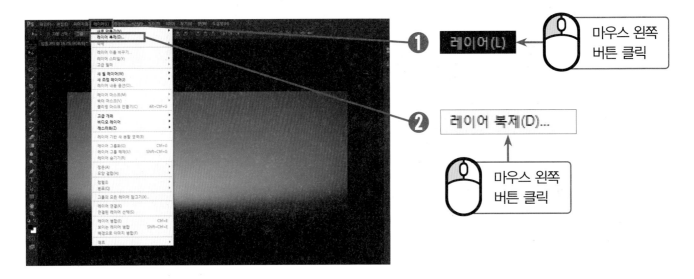

**02** 레이어 복제 창이 뜨면 [확인]을 클릭해주어 레이어를 복제합니다.

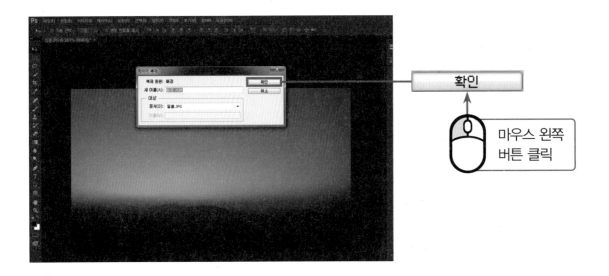

# 03 사진에 빈 공간 만들기

반사되는 사진을 만들기 위해서는 복사한 레이어가 들어갈 반사될 만큼의 빈 공간이 필요합니다. 이미지 메뉴의 캔버스 크기를 활용하여 반사될 사진이 들어갈 빈 공간을 만들어 보도록 하겠습니다.

**01** 일출 사진의 복제가 완료되면 화면 위쪽의 [이미지] 메뉴를 클릭하여 밑에 나오는 메뉴 중에서 [캔버스 크기]를 클릭하여 줍니다.

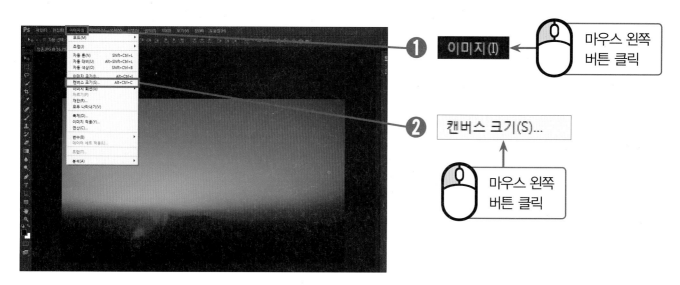

**02** 캔버스 크기 창이 나오면 기준의 위쪽을 클릭합니다.

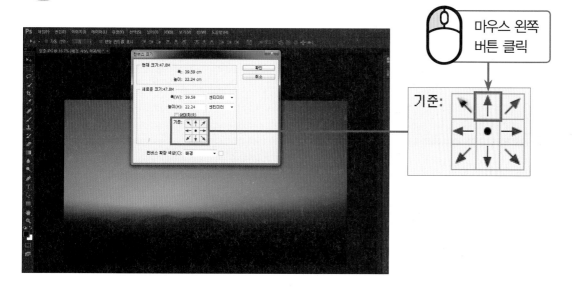

**03** 기준의 위쪽을 클릭해 주어 기준이 바뀌면 높이 값 창을 클릭하여 30을 입력
해 준 후 [확인]을 클릭합니다.

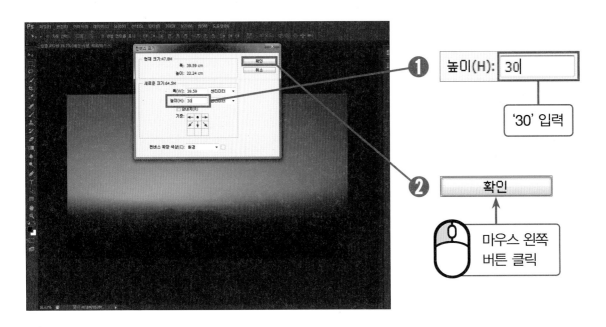

**04** 캔버스의 크기가 약 8cm정도 늘어나 사진 하단에 빈 공간이 생긴 것을 확인
해 볼 수 있습니다.

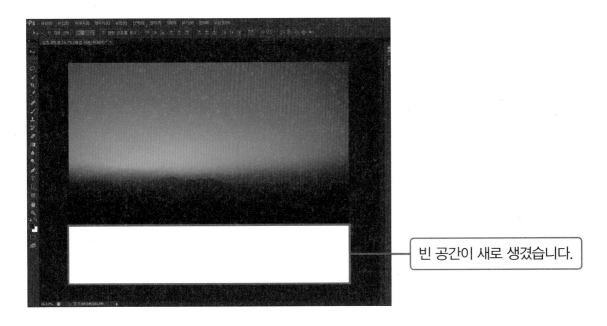

# 04 사진 세로로 뒤집기

마지막으로 사진을 반사된 형태로 완성하기 위해선 복제된
레이어를 세로 방향으로 뒤집어 주어야 됩니다. 세로로 뒤집
기를 활용하여 앞에서 복제된 배경 사본 레이어를 뒤집어 아
래쪽으로 향하게 만들어 보도록 하겠습니다.

**01** 화면 상단의 [편집] 메뉴를 클릭하여 밑에 나오는 메뉴 중에서 [변형]의 [세
로로 뒤집기]를 클릭해 줍니다.

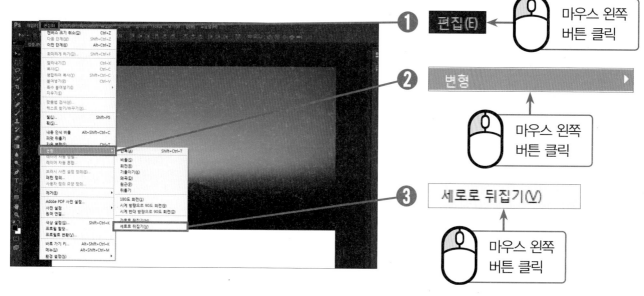

**①** 편집(E) ← 마우스 왼쪽
버튼 클릭

**②** 변형 ▶
마우스 왼쪽
버튼 클릭

**③** 세로로 뒤집기(V)
마우스 왼쪽
버튼 클릭

**02** 세로로 뒤집기 기능이 적용되어 배경 사본 레이어가 세로 방향으로 대칭되
게 뒤집어진 것을 확인해 볼 수 있습니다.

편집의 변형 메뉴 중 회전에 관련한 기능에 대해 조금 더 자세히 알아보도록 하겠습니다.

■ 가로로 뒤집기 : 사진의 방향이 좌우가 바뀌어집니다.

■ 180도 회전 : 사진이 180도 회전되어 좌, 우가 바뀐 것을 확인해 볼 수 있습니다.

■ 시계 방향으로 90도 회전 : 사진이 시계 방향으로 90도 회전되어 사진의 방향이 좌측
  으로 90도 움직인 것을 확인해 볼 수 있습니다.

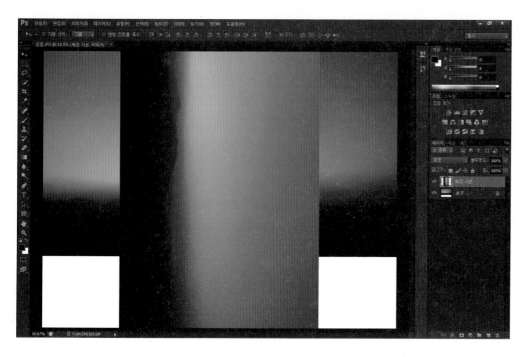

■ 시계 반대 방향으로 90도 회전 : 사진이 시계 반대 방향으로 90도 회전되어 사진의
  방향이 우측으로 90도 움직인 것을 확인해 볼 수 있습니다.

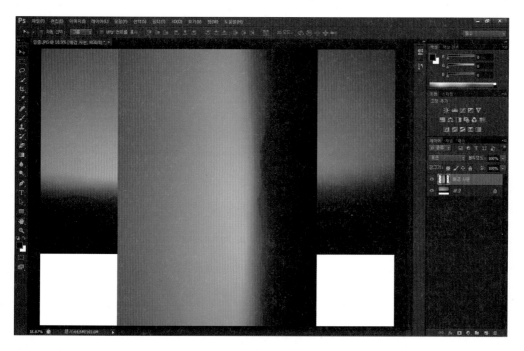

**03** 배경 사본 레이어가 세로로 뒤집어지면 마우스 커서를 움직여 배경 사본 레이어를 클릭한 채로 화면 빈공간으로 이동합니다.

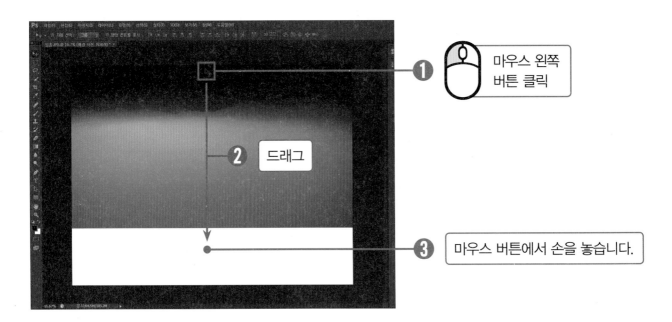

① 마우스 왼쪽 버튼 클릭

② 드래그

③ 마우스 버튼에서 손을 놓습니다.

**04** 다음과 같은 반사된 이미지 화면이 만들어집니다.

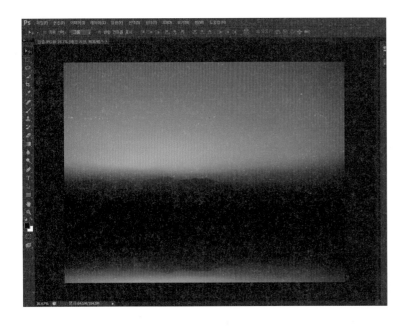

# 05 완성된 사진 저장하기

지금까지 작업한 사진을 저장해 보겠습니다.

**01** 모든 작업이 완료되면 내용을 저장하기 위해 화면 위쪽에 있는 [파일] 메뉴
를 클릭하고 밑에 나오는 메뉴 중에서 [다른 이름으로 저장]을 클릭합니다.

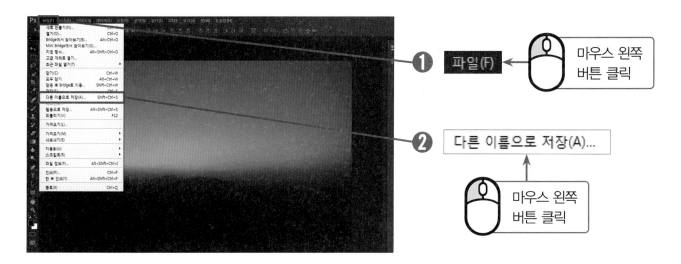

**02** [다른 이름으로 저장] 대화상자가 나오면 [바탕화면]을 클릭한 뒤 [어른들을
위한 가장 쉬운 포토샵]을 더블 클릭하여 어른들을 위한 가장 쉬운 포토샵
폴더 안으로 들어갑니다.

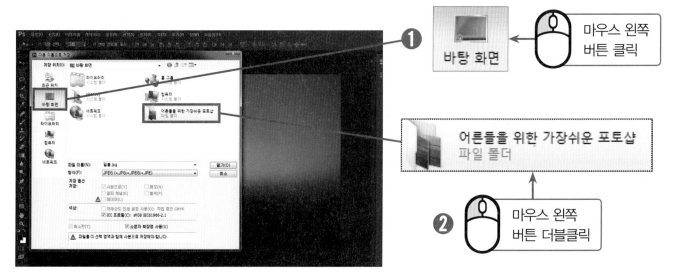

**03** [열기] 대화상자의 내용 중 [파일 이름]의 '일출.jpg'를 클릭하고 Back Space 를 눌러 지운 후 '반사사진만들기'를 입력해 준 후 [저장]을 클릭합니다.

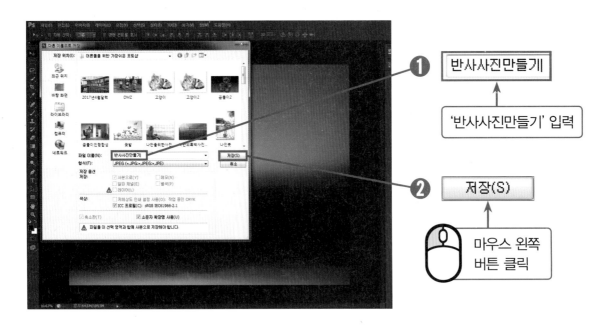

① 반사사진만들기

'반사사진만들기' 입력

② 저장(S)

마우스 왼쪽
버튼 클릭

**04** [JPEG 옵션] 대화상자가 나오면 품질 선택 막대기를 마우스 왼쪽 버튼을 클릭해 움직여서 8로 조정해 준 후 [확인]을 클릭합니다.

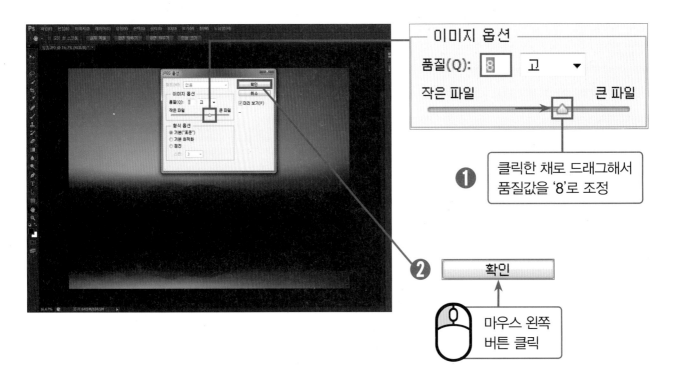

이미지 옵션
품질(Q): 8   고   ▼
작은 파일          큰 파일

① 클릭한 채로 드래그해서
품질값을 '8'로 조정

② 확인

마우스 왼쪽
버튼 클릭

**🔒팁!** 레이어 복제란

현재 보이는 레이어(배경)를 복제해 주는 기능으로 대화상자에서의 대상 선택을 통해
현재 작업 화면과 새 작업 화면으로 복제가 가능합니다.

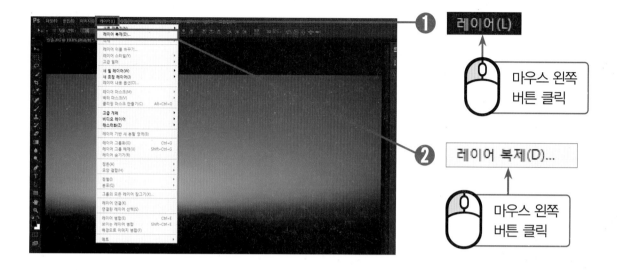

**〈현재 사진 파일에 복제〉**

**〈새 파일로 복제〉**

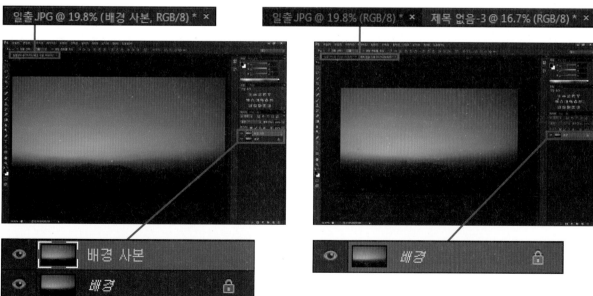

**🔒팁!** 캔버스 크기란

현재 열어준 사진의 인쇄시의 실제 크기를 말하며 이 공간을 내가 원하는 단위를 설정하여 자유롭게 늘리고 줄일 수 있게 설정해 주는 곳입니다. 기준 방향을 설정하지 않으면 같은 비율로 상하, 좌우 같은 크기로 조정되며 캔버스(도화지)의 색상을 전경, 배경 등 다양하게 설정할 수 있습니다.

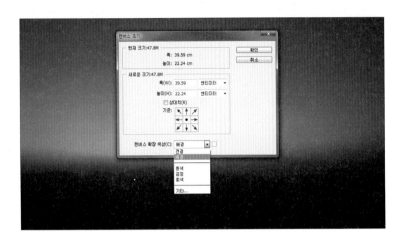

〈사진의 크기 단위 설정 화면〉

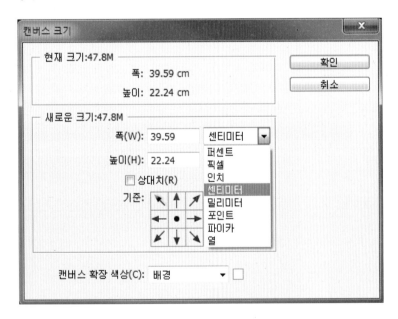

# 제 05장

# 거친 질감 느낌의 사진 만들기

활기와 명도/대비 기능들을 활용하여
거친 질감 느낌의 사진을 만들어보겠습니다.

🔒팁!  명도/대비 효과

이 효과를 사용하면 사진 특정 색상 범위의 색조(색상의 밝고 어두움 정도)를 조정할 수
있습니다. [명도] 값을 오른쪽으로 움직이면 색조 값이 증가하여 사진이 밝아지며, 왼쪽
으로 움직이면 색조 값이 감소하여 사진이 어두워집니다. [대비]는 값을 오른쪽으로 움
직이면 색감이 강해지고 거칠어지며 왼쪽으로 움직이면 부드러워지며 탁해집니다.

● 사용법 : [이미지] – [조정] – [명도/대비]

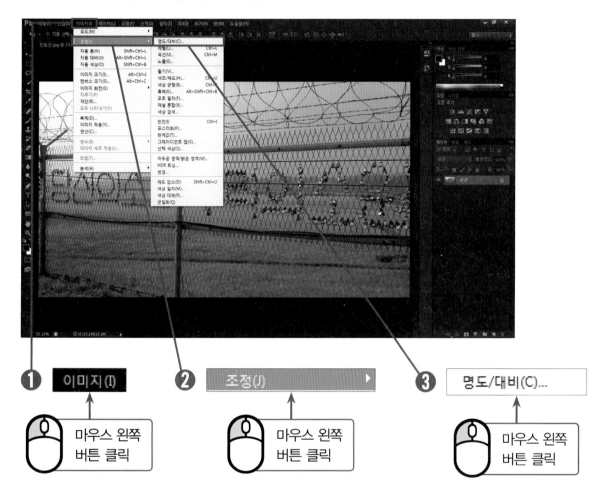

활기 기능은 활기와 채도를 사용하여 활기(채도가 높은 색상은 크게 영향을 주지 않으
며 채도가 낮은 색상을 조절하여 적절한 채도를 만들어줌)와 채도(색의 맑고 탁한 정도,
색의 선명도)를 조절하여 생기 있는 사진을 만들어 주는데 사용합니다.

● 사용법 : [이미지] – [조정] – [활기]

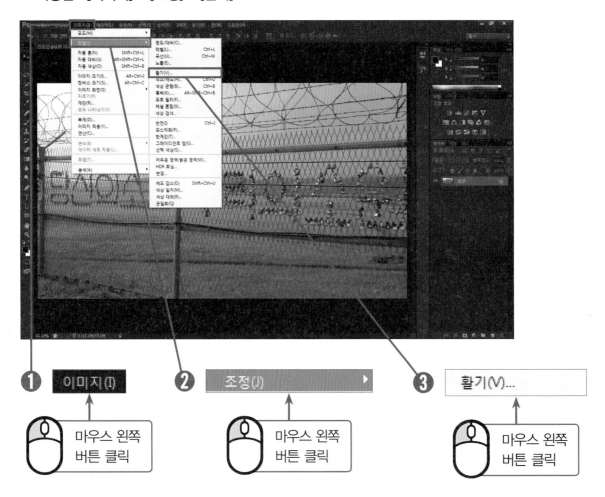

① 이미지(I)
마우스 왼쪽 버튼 클릭

② 조정(J)
마우스 왼쪽 버튼 클릭

③ 활기(V)...
마우스 왼쪽 버튼 클릭

# 01 포토샵 실행하여 사진 불러오기

포토샵을 실행한 후 사진을 불러오는 작업을 해보도록 하겠습니다.

**01** 포토샵이 실행되면 화면 위쪽에 있는 [파일] 메뉴를 클릭하고 밑에 나오는 메뉴 중에서 [열기]를 클릭합니다.

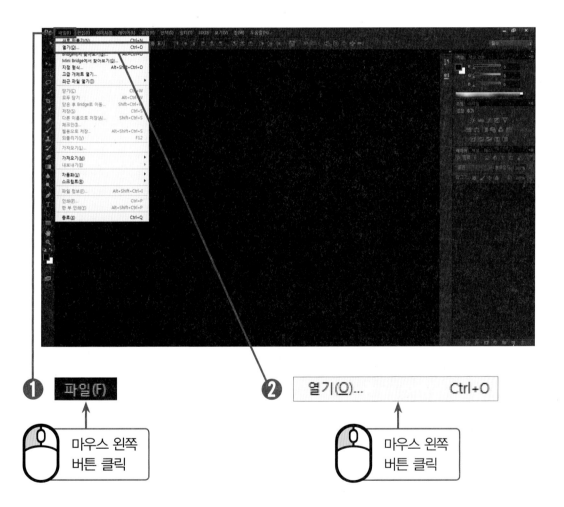

**❶** 파일(F)

마우스 왼쪽 버튼 클릭

**❷** 열기(O)...          Ctrl+O

마우스 왼쪽 버튼 클릭

**02** 열기 대화상자가 나오면 [바탕화면]을 클릭한 뒤 [어른들을 위한 가장 쉬운 포토샵]을 더블 클릭하여 폴더 안으로 들어갑니다. '온도감있는사진만들기' 파일을 선택 후 [열기]를 클릭하여 사진을 열어줍니다.

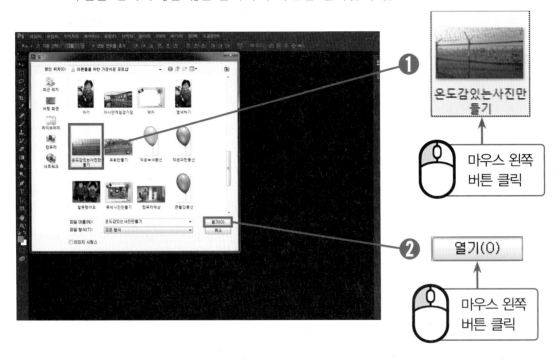

**03** 사진이 열리면 [보기] 메뉴를 클릭하면 밑에 나오는 메뉴 중에서 [화면 크기에 맞게 조정]을 클릭하여 사진의 비율을 모니터 화면에 알맞게 조정해 줍니다.

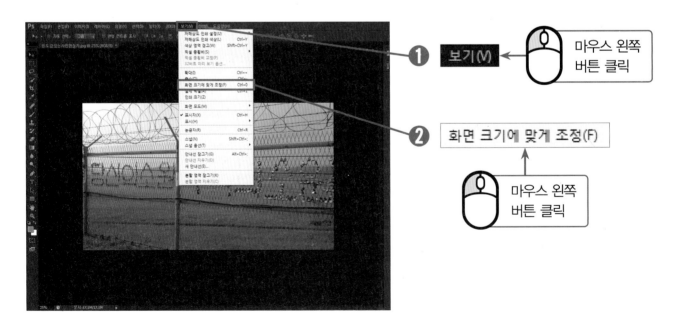

# 02 채도 보정하기

활기를 활용하여 채도를 낮추어 탁한 느낌의 사진으로
만들어 보도록 하겠습니다.

01 [이미지] 메뉴를 클릭하여 밑에 나오는 메뉴 중에서 [조정]의 [활기]를 클릭
합니다.

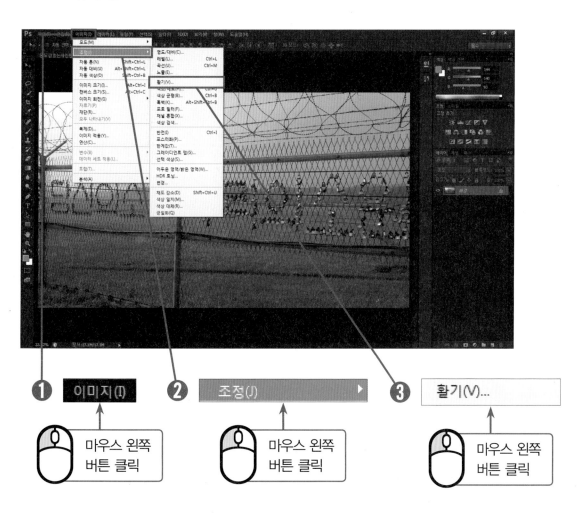

**02** 활기 창이 나오면 활기 조절 막대를 클릭하여 오른쪽 방향으로 움직여 40으로 조절해주고 채도 값 조절 막대를 클릭하여 왼쪽으로 움직여 값을 −20으로 조절해준 후 [확인]을 클릭합니다.

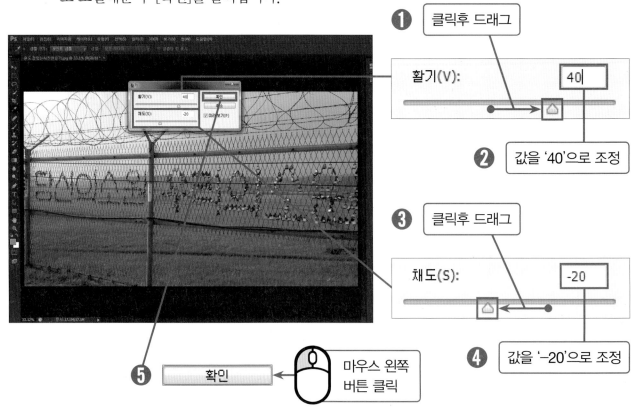

❶ 클릭후 드래그

활기(V):     40이

❷ 값을 '40'으로 조정

❸ 클릭후 드래그

채도(S):     -20

❹ 값을 '−20'으로 조정

❺ 확인 ← 마우스 왼쪽 버튼 클릭

**03** 활기와 채도가 조정되어 사진이 탁해진 것을 확인해 볼 수 있습니다.

# 03 거친 질감 느낌의 사진 만들기

채도가 조절된 사진을 다시 [이미지]-[조정]의 [명도/대비]
기능을 적용하여 오래되어 거친 질감 느낌의 사진으로 만들
어 보도록 하겠습니다.

**01** [이미지] 메뉴를 클릭하여 밑에 나오는 메뉴 중에서 [조정]의 [명도/대비]를
클릭합니다.

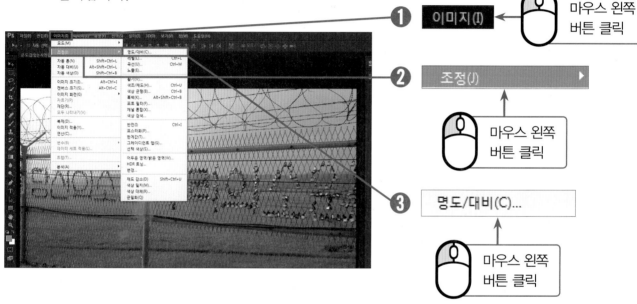

**02** 명도/대비가 실행되어 대화상자가 나오면 값 조절 막대기를 클릭하여 오른
쪽 방향으로 움직여 대비 값을 82로 조절해 준 후 [확인]을 클릭합니다.

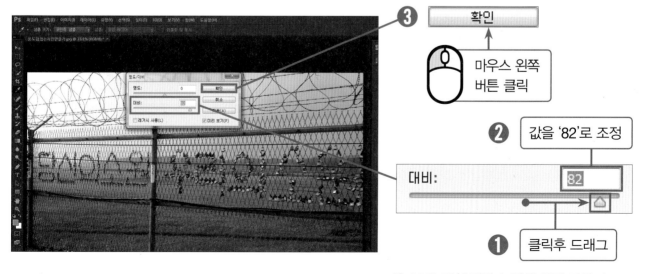

**03** 색상의 명도/대비 값이 적용되어 거친 질감 느낌의 사진이 만들어졌습니다.

**04** 거친 질감을 더 살리기 위해 [이미지] 메뉴를 클릭하여 밑에 나오는 메뉴 중에서 [조정]의 [포토 필터]를 클릭하여 줍니다.

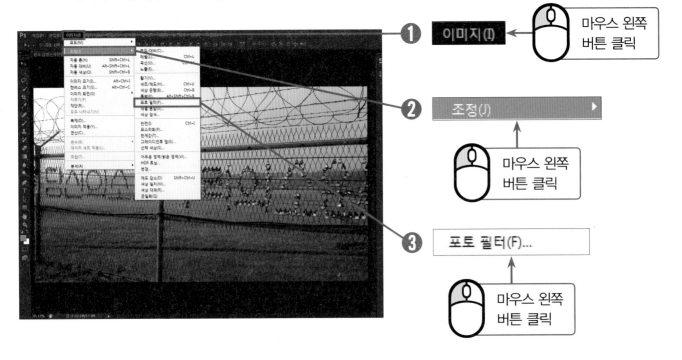

❶ 이미지(I) ← 마우스 왼쪽 버튼 클릭

❷ 조정(J) ▶ ← 마우스 왼쪽 버튼 클릭

❸ 포토 필터(F)... ← 마우스 왼쪽 버튼 클릭

**05** 포토 필터가 실행되어 대화상자가 나오면 값 조절 막대기를 클릭하여 왼쪽
으로 움직여 15로 조절해준 후 [확인]을 클릭합니다.

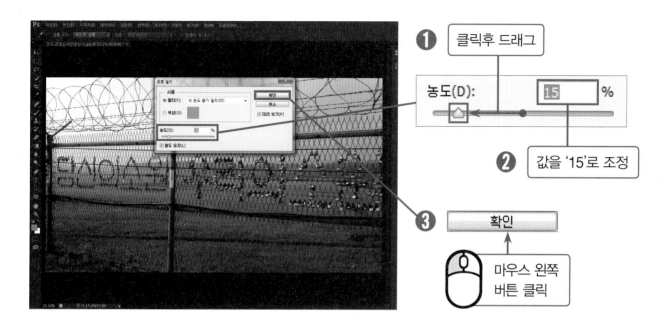

**06** 포토 필터가 적용되어 사진의 거친 질감이 더 자연스러워졌습니다.

# 04 완성된 사진 저장하기

지금까지 작업한 사진을 저장해 보겠습니다.

**01** 모든 작업이 완료되면 화면 위쪽에 있는 [파일] 메뉴를 클릭하고 밑에 나오는 메뉴 중에서 [다른 이름으로 저장]을 클릭합니다.

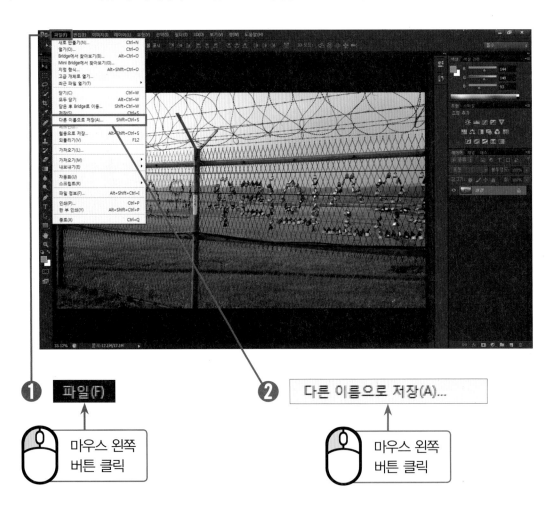

❶ 파일(F)

마우스 왼쪽
버튼 클릭

❷ 다른 이름으로 저장(A)...

마우스 왼쪽
버튼 클릭

**02** [다른 이름으로 저장] 대화상자가 나오면 [파일 이름]의 '온도감있는사진만
들기.jpg'를 클릭하여 Back Space 를 눌러 지운 후 '거친질감사진만들기'를
입력하고 [저장]을 클릭합니다.

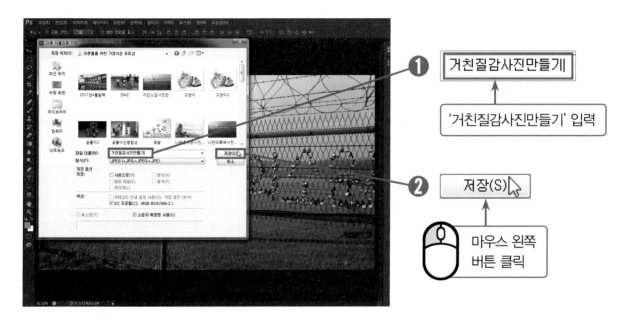

**❶** 거친질감사진만들기

'거친질감사진만들기' 입력

**❷** 저장(S)

마우스 왼쪽
버튼 클릭

**03** [JPEG 옵션] 대화상자가 나오면 품질 선택 막대기를 마우스 왼쪽 버튼을 클
릭해 움직여서 8로 조정해 준 후 [확인]을 클릭합니다.

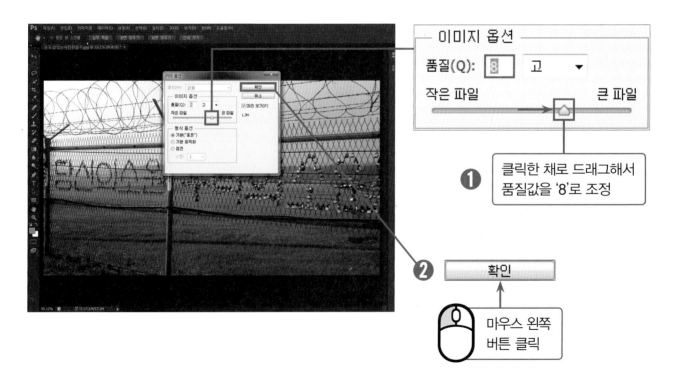

이미지 옵션

품질(Q): 8 고 ▼

작은 파일          큰 파일

**❶** 클릭한 채로 드래그해서
품질값을 '8'로 조정

**❷** 확인

마우스 왼쪽
버튼 클릭

🔒팁! 포토필터

포토 필터란 색감을 사용하여 사진의 전체적인 느낌을 바꿀 수 있는 유용한 기능입니다. 기본적으로 색 온도 증가, 감소 등의 효과와 빨강, 오렌지, 노랑 등의 색깔을 적용하여 효과를 줄 수 있습니다.

● **사용법 : [이미지] – [조정] – [포토 필터]**

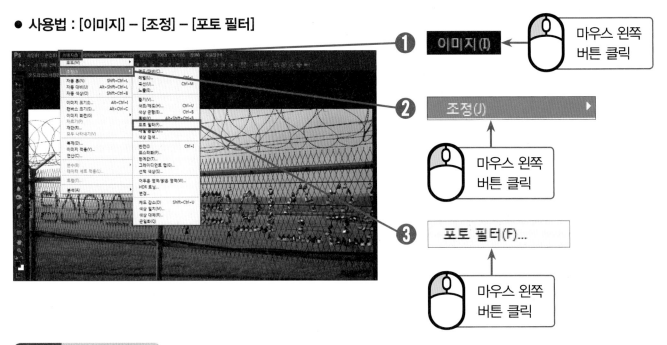

🔒팁! 포토 필터 창

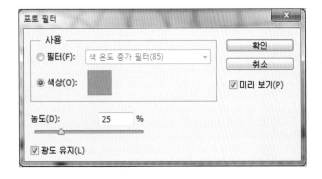

- 필터 : 색 온도 증가, 감소 등의 효과와 빨강, 오렌지, 노랑 등의 포토샵에서 제공되는 효과를 사용할 수 있습니다.

- 색상 : 자신이 원하는 색상을 선택하여 포토 필터에 적용합니다.

- 농도 : 선택한 색깔의 농도를 조정합니다. 값이 왼쪽에 가까울수록 선택한 색깔의 농도가 연해지고 오른쪽에 가까울수록 선택한 색깔의 농도가 짙어집니다.

- 광도 유지 : 적용시 색깔과 빛이 혼합되어 사진이 전반적으로 밝게 표현됩니다.

# 제 06장

# 차가운 온도감이 느껴지는 사진 만들기

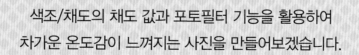

색조/채도의 채도 값과 포토필터 기능을 활용하여
차가운 온도감이 느껴지는 사진을 만들어보겠습니다.

[ 작업 전 ]

[ 작업 후 ]

이 효과를 사용하면 사진에서 특정 색상 범위의 색조(색상의 밝고 어두움 정도), 채도 (색의 맑고 탁한 정도, 색의 선명도) 및 밝기를 조정하거나 모든 색상을 동시에 조정할 수 있습니다. 이 방법을 활용하면 오래되어 특정 색감이 손상된 경우 복원하거나 반대 로 특정 색감을 빼어 주고자 할 때 사용하면 유용합니다.

● 사용법 : [이미지] – [조정] – [색조/채도]

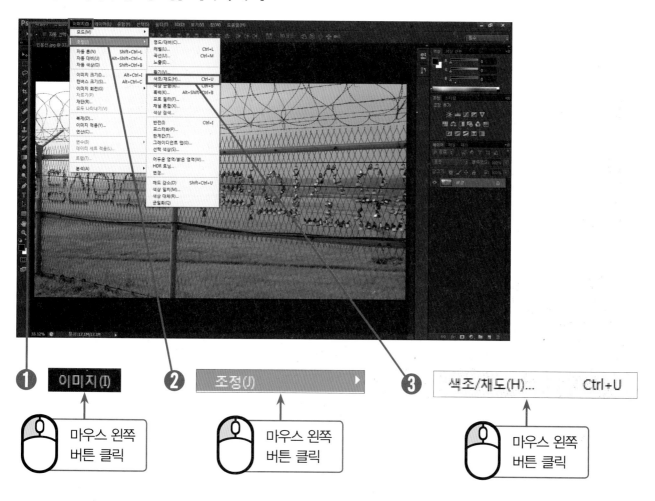

❶ 이미지(I)　　　마우스 왼쪽 버튼 클릭

❷ 조정(J)　　　마우스 왼쪽 버튼 클릭

❸ 색조/채도(H)...　　Ctrl+U　　마우스 왼쪽 버튼 클릭

# 01 포토샵 실행하여 사진 불러오기

포토샵을 실행한 후 사진을 불러오는 작업을 해보도록 하겠습니다.

**01** 포토샵이 실행되면 화면 위쪽에 있는 [파일] 메뉴를 클릭하고 밑에 나오는 메뉴 중에서 [열기]를 클릭합니다.

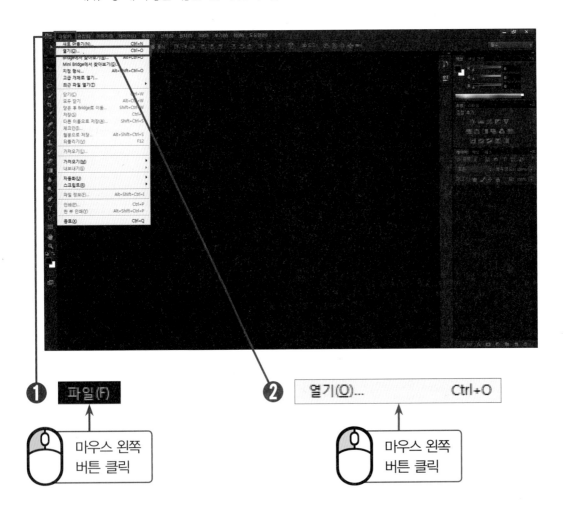

❶ 파일(F)
마우스 왼쪽
버튼 클릭

❷ 열기(O)...     Ctrl+O
마우스 왼쪽
버튼 클릭

**02** [어른들을 위한 가장 쉬운 포토샵] 폴더 안으로 들어갑니다. '민통선' 파일을 선택한 후 [열기]를 클릭하여 민통선 사진을 열어줍니다.

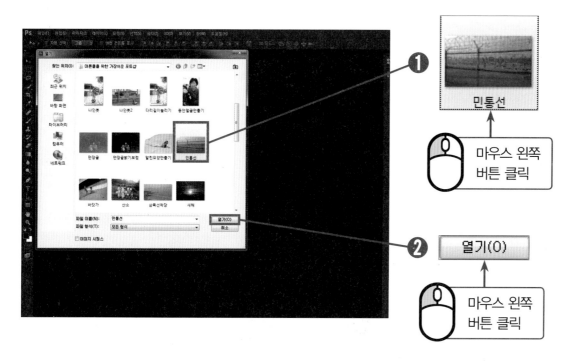

**03** 민통선 사진이 열리면 [보기] 메뉴를 클릭하면 밑에 나오는 메뉴 중에서 [화면 크기에 맞게 조정]을 클릭하여 사진의 비율을 모니터 화면에 알맞게 조정해 줍니다.

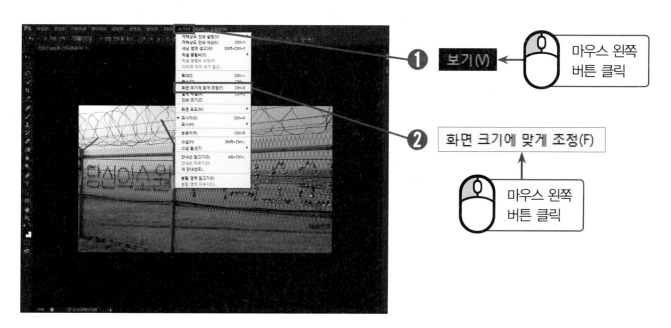

# 02 채도 보정하기

색조/채도를 활용하여 채도를 낮추어 탁한 느낌의 사진으로
만들어 보도록 하겠습니다.

**01** 민통선 사진이 화면 크기에 맞게 조정되면 [이미지] 메뉴를 클릭하여 밑에
나오는 메뉴 중에서 [조정]의 [색조/채도]를 클릭합니다.

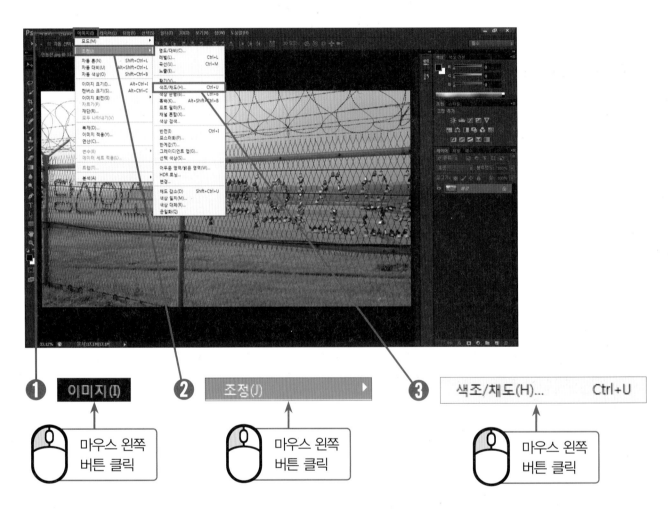

❶ 이미지(I)
마우스 왼쪽
버튼 클릭

❷ 조정(J)
마우스 왼쪽
버튼 클릭

❸ 색조/채도(H)...　　　Ctrl+U
마우스 왼쪽
버튼 클릭

**02** 색조/채도 창이 나오면 마우스 커서를 움직여 [신]과 [의] 사이를 클릭해주
어 들판의 색감을 추출합니다.

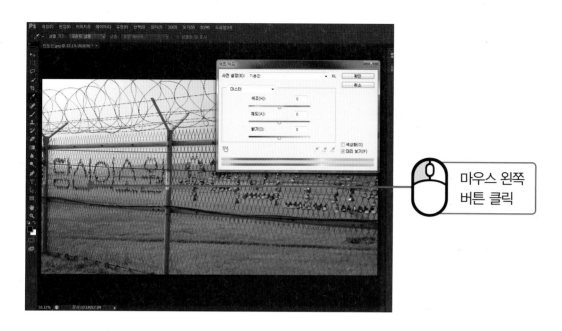

마우스 왼쪽
버튼 클릭

**03** 들판의 색감 정보가 추출되어 전경색이 바뀌면 조정 단추를 클릭합니다.

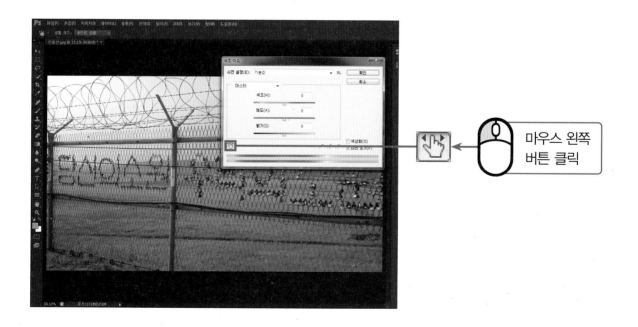

마우스 왼쪽
버튼 클릭

**04** 마우스 커서를 움직여 [신]과 [의] 사이에서 마우스 왼쪽 버튼을 클릭한 상태로 좌측 방향으로 움직여 [신]의 위치로 옮겨 주어 채도 값을 −40으로 조정합니다.

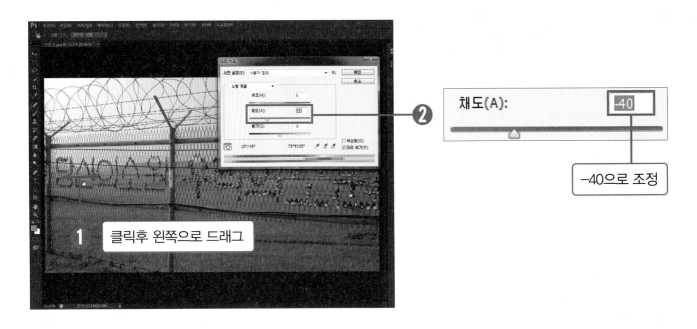

**05** 채도가 조절되어 사진이 조금 탁해진 것을 확인해 볼 수 있습니다.

# 03 사진에 차가운 온도감 주기

채도가 조절된 사진을 다시 [이미지]−[조정]의 [포토 필터]
기능을 활용하여 사진의 색감에 차가운 온도감을 표현해 보
도록 하겠습니다.

**01** [이미지] 메뉴를 클릭하여 밑에 나오는 메뉴 중에서 [조정]의 [포토 필터]를
클릭합니다.

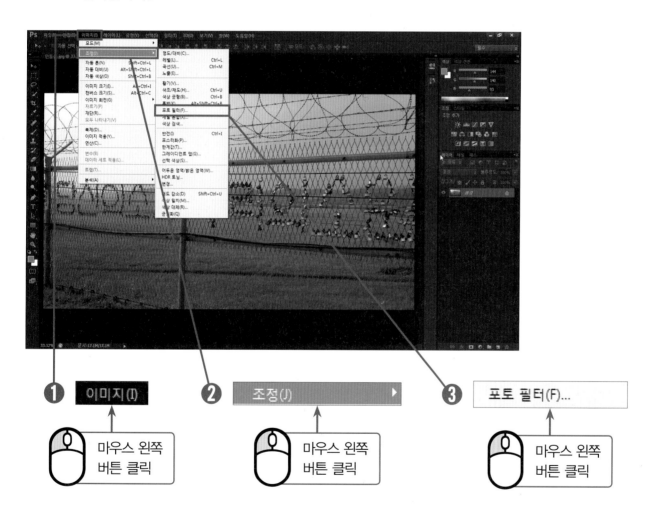

**❶** 이미지(I)

마우스 왼쪽
버튼 클릭

**❷** 조정(J) ▶

마우스 왼쪽
버튼 클릭

**❸** 포토 필터(F)...

마우스 왼쪽
버튼 클릭

**02** 포토 필터가 실행되어 대화상자가 나오면 [색 온도 증가 필터(85)]를 클릭합
니다.

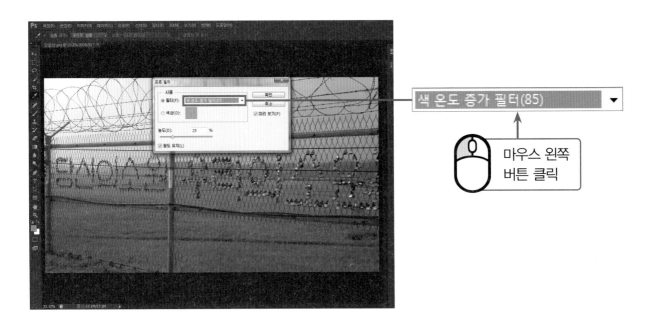

색 온도 증가 필터(85) ▼

마우스 왼쪽
버튼 클릭

**03** 포토 필터 목록이 나오면 파랑을 클릭하여 선택합니다.

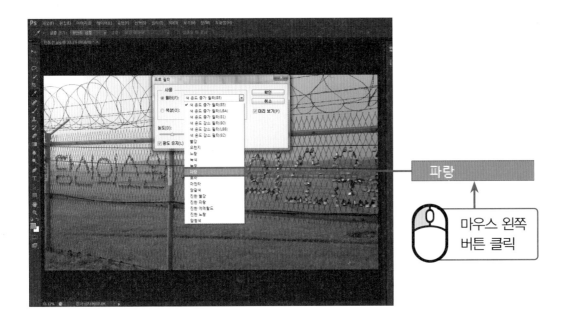

파랑

마우스 왼쪽
버튼 클릭

**04** 값 조절 막대를 클릭하여 왼쪽으로 움직여 값을 20으로 조절하여 파랑색감
의 농도를 조절합니다.

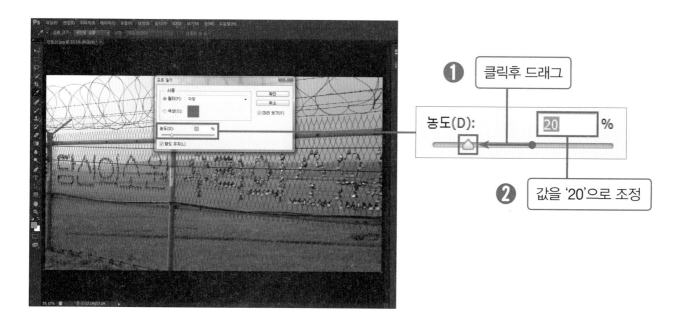

❶ 클릭후 드래그

농도(D):  20  %

❷ 값을 '20'으로 조정

**05** 파랑 색감의 포토 필터가 적용되어 전체적으로 차가운 온도 느낌의 사진으
로 바뀐 것을 확인해 볼 수 있습니다.

# 04 완성된 사진 저장하기

지금까지 작업한 사진을 저장해 보겠습니다.

**01** 모든 작업이 완료되면 화면 위쪽에 있는 [파일] 메뉴를 클릭하고 밑에 나오는 메뉴 중에서 [다른 이름으로 저장]을 클릭합니다.

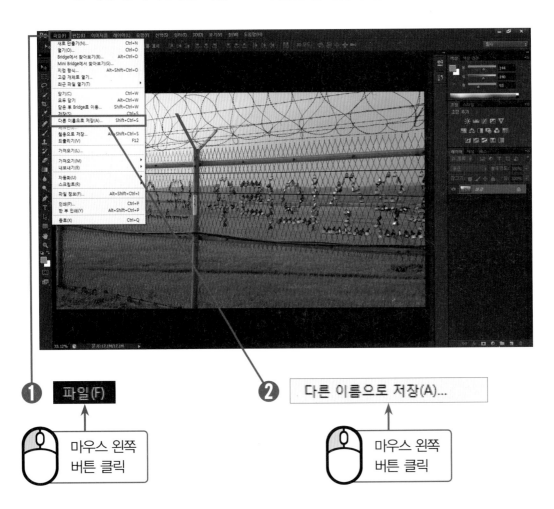

❶ **파일(F)**

마우스 왼쪽 버튼 클릭

❷ **다른 이름으로 저장(A)...**

마우스 왼쪽 버튼 클릭

**02** [다른 이름으로 저장] 대화상자가 나오면 [바탕화면]을 클릭한 뒤 [어른들을
위한 가장 쉬운 포토샵]을 더블 클릭하여 폴더 이동 후 [파일 이름]의 '민통
선.jpg'를 클릭하여 $\boxed{\text{Back Space}}$를 눌러 지운 후 '온도감있는사진만들기'를
입력해 준 후 [저장]을 클릭합니다.

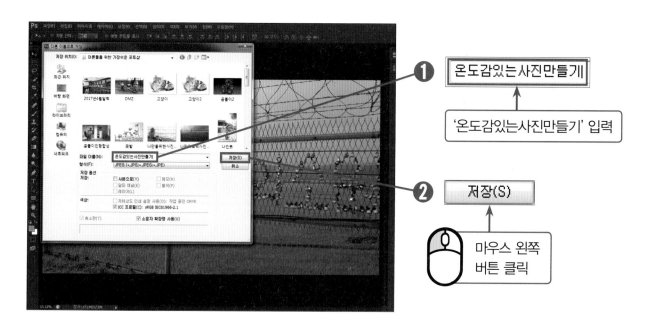

온도감있는사진만들기 ❶

'온도감있는사진만들기' 입력

저장(S) ❷

마우스 왼쪽
버튼 클릭

**03** [JPEG 옵션] 대화상자가 나오면 품질 선택 막대기를 마우스 왼쪽 버튼을 클
릭해 움직여서 8로 조정해 준 후 [확인]을 클릭합니다.

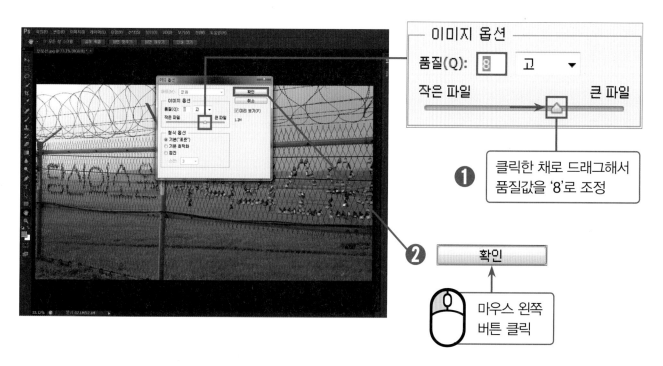

이미지 옵션

품질(Q): ⑧   고   ▼

작은 파일          큰 파일

❶ 클릭한 채로 드래그해서
품질값을 '8'로 조정

확인 ❷

마우스 왼쪽
버튼 클릭

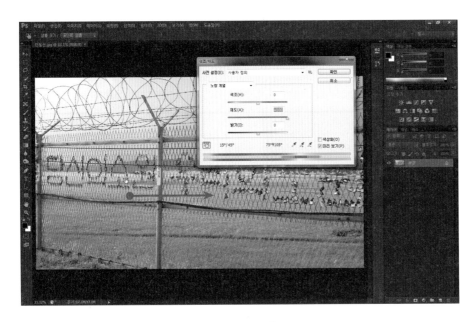

▲ 조정 단추를 오른쪽 방향으로 움직여 준 경우

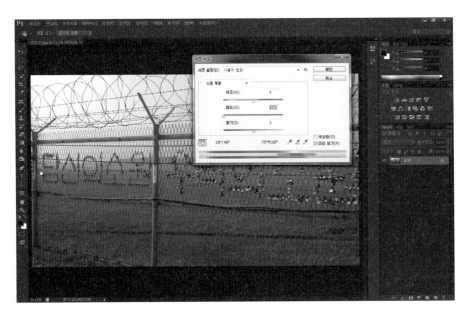

▲ 조정 단추를 왼쪽 방향으로 움직여 준 경우

# 제 07장

# 나만의 흑백 사진 만들기

색조/채도의 채도 값과 흑백 기능을 활용하여
나만의 흑백 사진을 만들어 보도록 하겠습니다.

[ 작업 전 ]

[ 작업 후 ]

명도/대비 효과

이 효과를 사용하면 사진의 색조(색상의 밝고 어두움 정도)를 조정할 수 있습니다. 명도 값을 오른쪽으로 움직이면 사진이 밝아지고 왼쪽으로 움직이면 사진이 어두워집니다. 명도 값을 조절한 후 대비 값을 오른쪽으로 움직이면 사진이 대비되도록 만들어 주어 더 밝아지며 왼쪽으로 움직이면 사진이 더 어두워집니다.

● 사용법 : [이미지] – [조정] – [명도/대비]

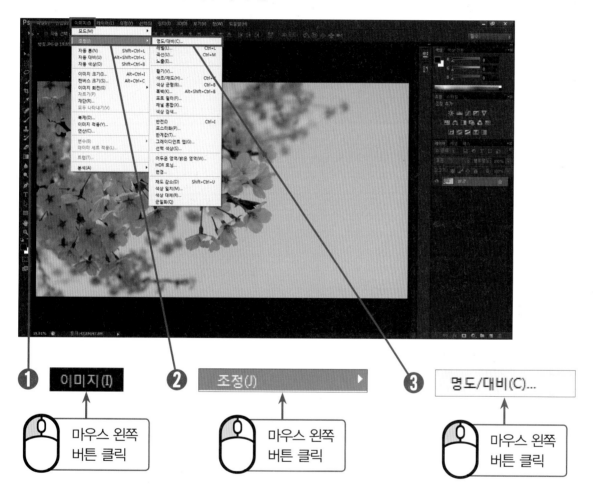

① 이미지(I) → 마우스 왼쪽 버튼 클릭

② 조정(J) ▶ → 마우스 왼쪽 버튼 클릭

③ 명도/대비(C)... → 마우스 왼쪽 버튼 클릭

이 효과를 사용하면 색상을 유지하면서 사진을 회색 음영(흑백 사진)화 할 수 있게 됩니다. 즉 사진에 색조를 적용하여 회색 음영에 색조 처리를 할 수도 있으며 이를 통하여 다양한 색감이 들어간 흑백 사진을 만들 수 있습니다.

● 사용법 : [이미지] – [조정] – [흑백]

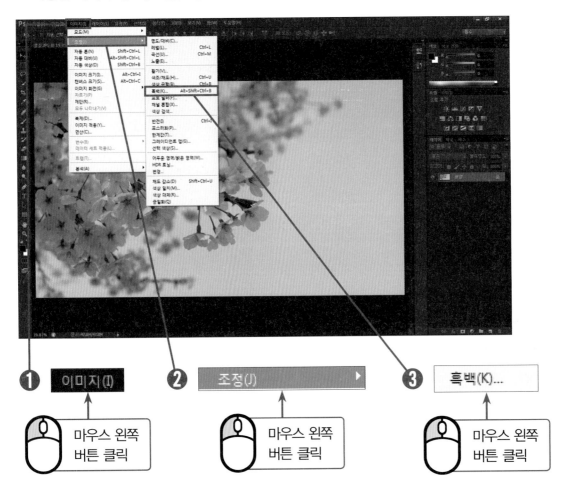

❶ 이미지(I)  →  마우스 왼쪽 버튼 클릭

❷ 조정(J)  →  마우스 왼쪽 버튼 클릭

❸ 흑백(K)...  →  마우스 왼쪽 버튼 클릭

# 01 포토샵 실행하여 사진 불러오기

포토샵을 실행한 후 사진을 불러오는 작업을 해보도록 하겠습니다.

01 포토샵이 실행되면 화면 위쪽에 있는 [파일] 메뉴를 클릭하고 밑에 나오는 메뉴 중에서 [열기]를 클릭합니다.

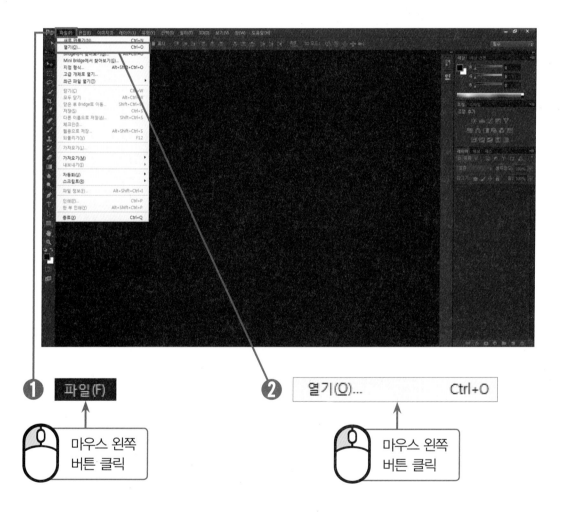

❶ | 파일(F) |

마우스 왼쪽 버튼 클릭

❷ | 열기(O)...      Ctrl+O |

마우스 왼쪽 버튼 클릭

**02** [열기] 대화상자가 나오면 [어른들을 위한 가장 쉬운 포토샵] 폴더로 들어가 '벚꽃' 파일을 선택 후 [열기]를 클릭하여 벚꽃 사진을 열어줍니다.

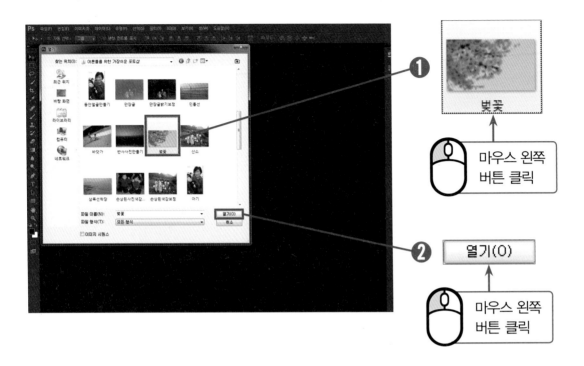

**03** 벚꽃 사진이 열리면 [보기] 메뉴를 클릭하면 밑에 나오는 메뉴 중에서 [화면 크기에 맞게 조정]을 클릭하여 사진의 비율을 모니터 화면에 알맞게 조정해 줍니다.

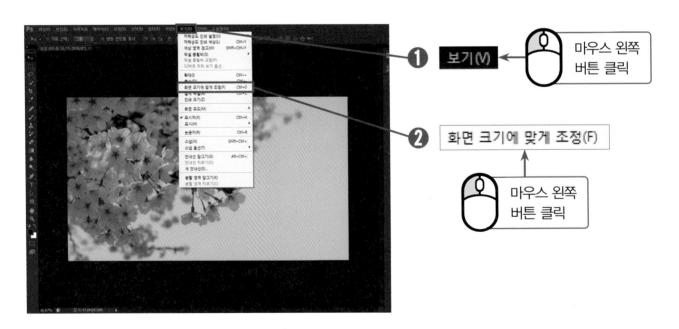

# 02 활기 보정하기

활기 기능을 사용하여 사진을 보다 생동감 있게 만들어 보도록 하겠습니다.

**01** 벚꽃 사진이 화면 크기에 맞게 조정되면 [이미지] 메뉴를 클릭하여 밑에 나오는 메뉴 중에서 [조정]의 [활기]를 클릭합니다.

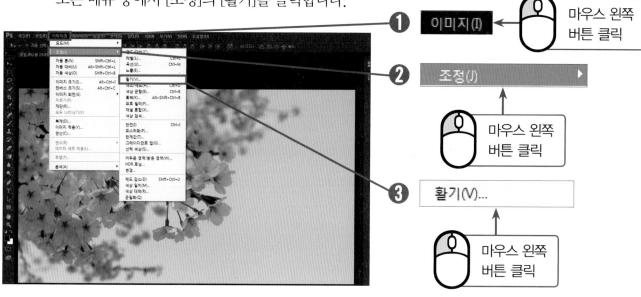

**02** 활기 조정 창이 나오면 활기 값 조절 막대를 왼쪽으로 움직여 활기 값을 -40으로, 채도 값 조절 막대를 오른쪽으로 움직여 채도 값을 +60으로 조정합니다.

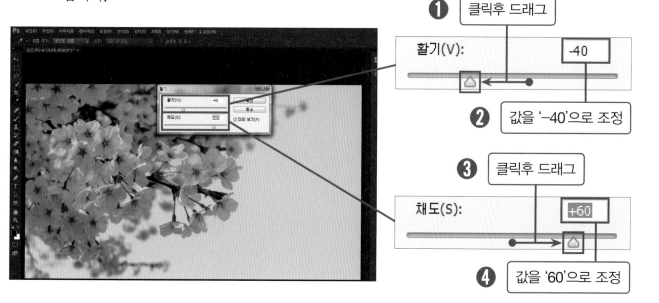

# 03 나만의 흑백사진 만들기

활기를 조절하여 채도가 높아져 전체적으로 색감이 강해진
사진을 [이미지]-[조정]의 [흑백] 기능과 [색조/채도] 기능을
활용하여 나만의 흑백 사진으로 만들어 보도록 하겠습니다.

**01** 활기 기능을 적용하여 채도가 높아져 사진이 전체적으로 색감이 강해지면
[이미지] 메뉴를 클릭하여 밑에 나오는 메뉴 중에서 [조정]의 [흑백]을 클릭
합니다.

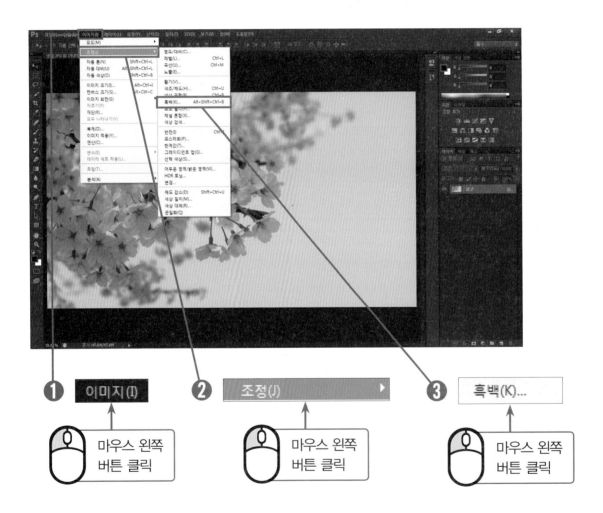

**❶** 이미지(I)

마우스 왼쪽
버튼 클릭

**❷** 조정(J)

마우스 왼쪽
버튼 클릭

**❸** 흑백(K)...

마우스 왼쪽
버튼 클릭

**02** 사진이 흑백으로 변하며 [흑백] 대화상자가 나타납니다.

**03** [흑백] 대화상자의 색상 값 조절 막대를 조작하여 [녹청]을 78%로 [파랑]을
136%로 조절해준 후 [확인]을 클릭합니다.

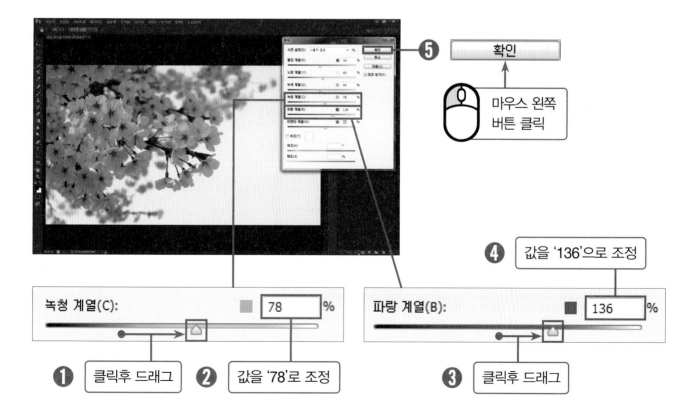

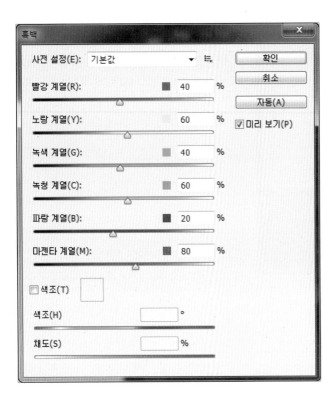

[흑백] 대화상자의 색상 값 조절 막대를 조작하면 선택한 색감이 흑백화되어 표현됩니다. 예를 들어 파랑 계열 값을 20%에서 136%로 조절해 준 경우 사진에서 파란색 부분의 색감이 감소하여 밝게 되는 것을 확인해 볼 수 있다. 만일 단색 색조의 사진을 만들고 싶은 경우 흑백 대화상자 화면 하단의 색조를 체크하여 색조기능을 활성화시킨 후 색조와 채도 값을 조절합니다.

**01** 흑백 대화상자 하단의 [색조]를 체크해 줍니다.

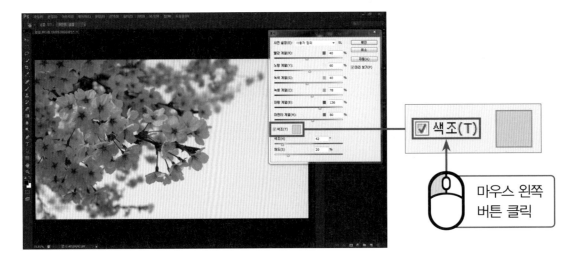

**02** [색조] 값과 [채도] 값을 다음과 같이 원하는 느낌으로 자유롭게 조정해 준 후
[확인]을 클릭합니다.

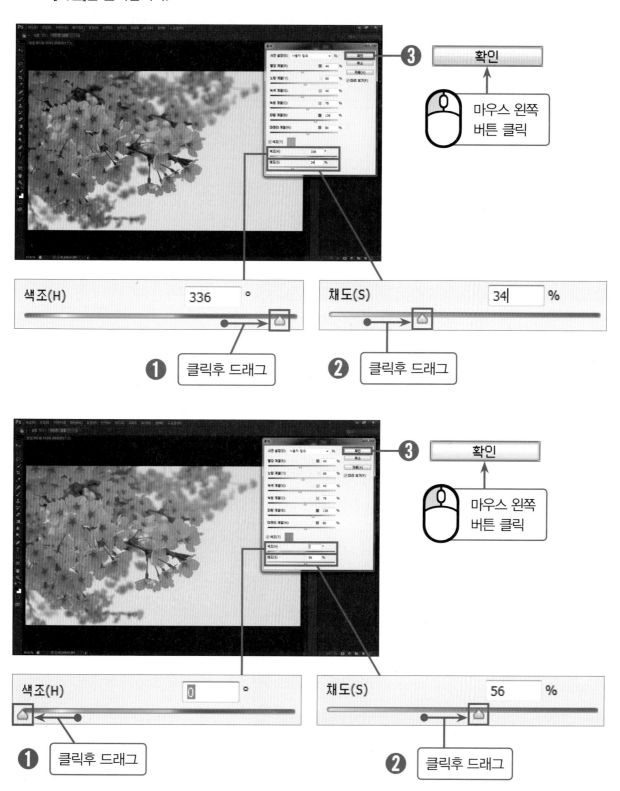

**04** 흑백 기능을 적용하여 원하는 느낌으로 흑백 사진이 만들어지면 [이미지] 메뉴
를 클릭하여 밑에 나오는 메뉴 중에서 [조정]의 [명도/대비]를 클릭합니다.

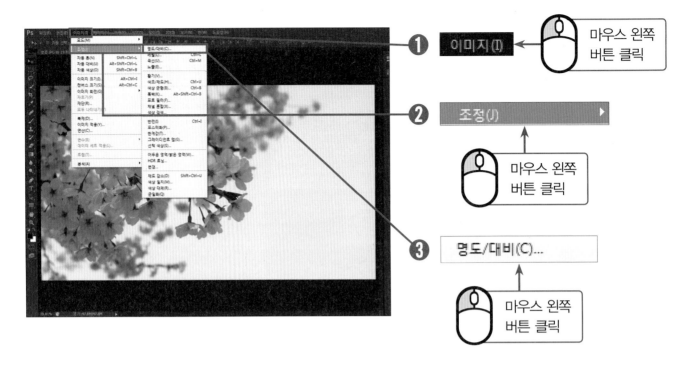

**05** 명도/대비 조정 창이 나오면 [자동]을 클릭하여 명도와 대비를 사진에 맞게
자동으로 최적화합니다.

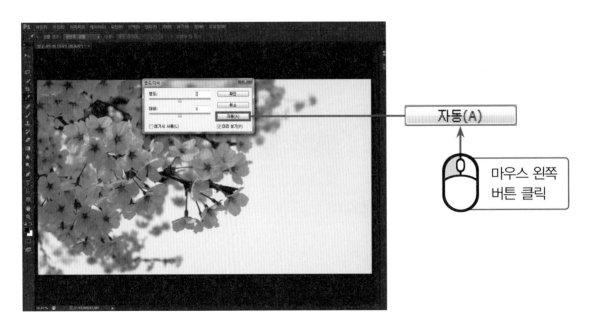

**06** 명도/대비 값이 자동으로 최적화되어 명도는 −8, 대비가 77로 조정되면 [확인]을 클릭합니다.

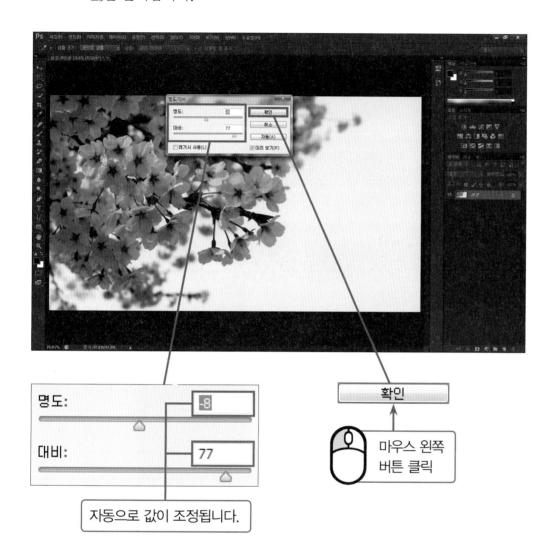

명도:

-8

대비:

77

자동으로 값이 조정됩니다.

확인

마우스 왼쪽
버튼 클릭

# 04 완성된 사진 저장하기

지금까지 작업한 사진을 저장해 보겠습니다.

**01** 모든 작업이 완료되면 화면 위쪽에 있는 [파일] 메뉴를 클릭하고 밑에 나오는 메뉴 중에서 [다른 이름으로 저장]을 클릭합니다.

❶ 파일(F)

마우스 왼쪽
버튼 클릭

❷ 다른 이름으로 저장(A)...

마우스 왼쪽
버튼 클릭

**02** [다른 이름으로 저장] 대화상자가 나오면 [바탕화면]을 클릭한 뒤 [어른들을
위한 가장 쉬운 포토샵]을 더블 클릭하여 어른들을 위한 가장 쉬운 포토샵
폴더 안으로 들어갑니다.

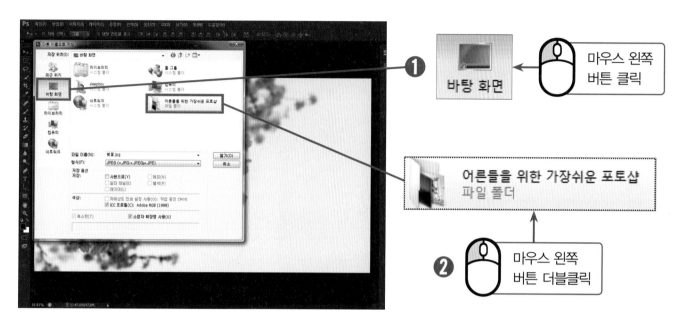

**03** [파일 이름]의 '벚꽃.jpg'를 클릭하여 이름변경 기능을 활성화합니다.

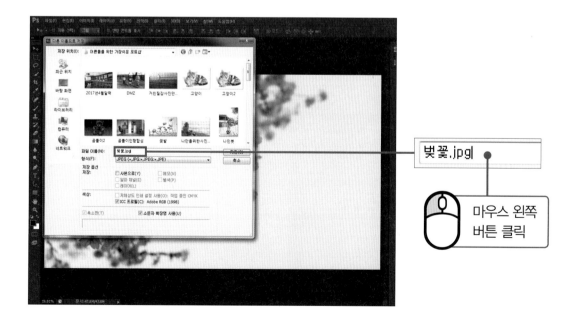

**04** [파일 이름]의 '벚꽃.jpg'를 눌러 지운 후 '나만의 흑백사진만들기'를 입력해 준 후 [저장]을 클릭합니다.

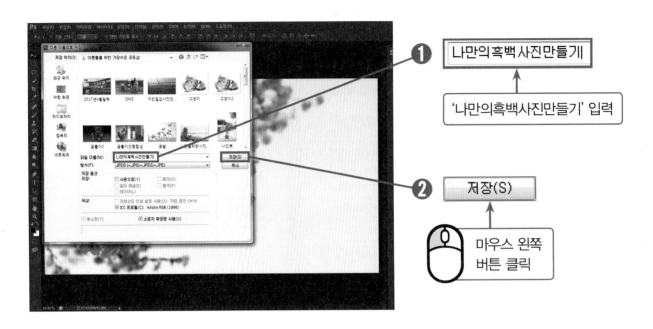

❶ 나만의흑백사진만들기

'나만의흑백사진만들기' 입력

❷ 저장(S)

마우스 왼쪽 버튼 클릭

**05** [JPEG 옵션] 대화상자가 나오면 품질 선택 막대기를 드래그해서 8로 조정해 준 후 [확인]을 클릭합니다.

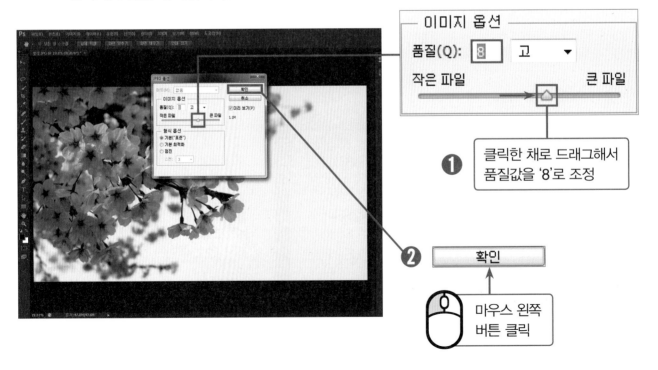

이미지 옵션

품질(Q): 8    고 ▼

작은 파일                큰 파일

❶ 클릭한 채로 드래그해서 품질값을 '8'로 조정

❷ 확인

마우스 왼쪽 버튼 클릭

# 제 08장

## 빛이 과한 사진 보정하기

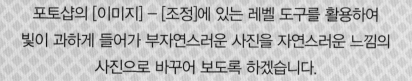

포토샵의 [이미지] – [조정]에 있는 레벨 도구를 활용하여
빛이 과하게 들어가 부자연스러운 사진을 자연스러운 느낌의
사진으로 바꾸어 보도록 하겠습니다.

[ 작업 전 ]

[ 작업 후 ]

**🔒팁!** 레벨 기능

레벨 기능은 사진의 노출을 조정하는 기능으로 이미지의 전체적인 밝기와 선명도를 조정할 수 있는 기능입니다. 쉐도우 톤의 값이 높아지면 어두워지고 반대로 하이라이트 톤의 값이 낮아지면 밝게 되는 기능으로 빛바랜 사진이나 노출 부족, 노출 과다 등을 보정해주는데 주로 사용됩니다.

● **사용법 : [이미지] – [조정] – [레벨]**

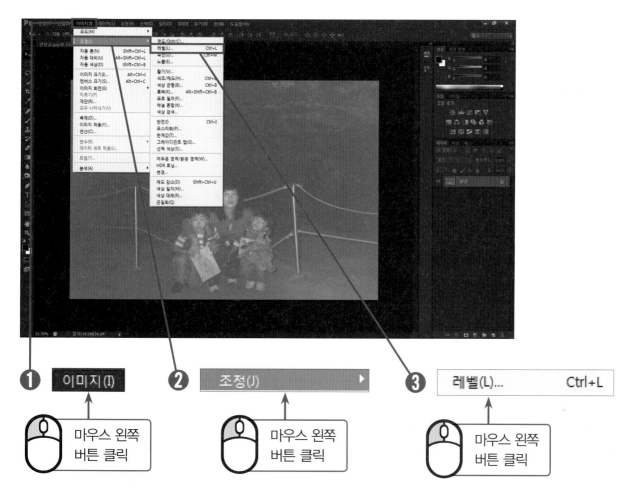

**①** 이미지(I)

마우스 왼쪽
버튼 클릭

**②** 조정(J) ▶

마우스 왼쪽
버튼 클릭

**③** 레벨(L)...        Ctrl+L

마우스 왼쪽
버튼 클릭

# 01 포토샵 실행하여 사진 불러오기

빛이 과한 사진을 보정하기 위해 포토샵을 실행한 후 사진을
불러오는 작업을 해보도록 하겠습니다.

**01** 윈도우의 [시작]을 클릭한 뒤 [모든 프로그램]을 클릭하여 숨겨진 목록을 활
성화시킵니다.

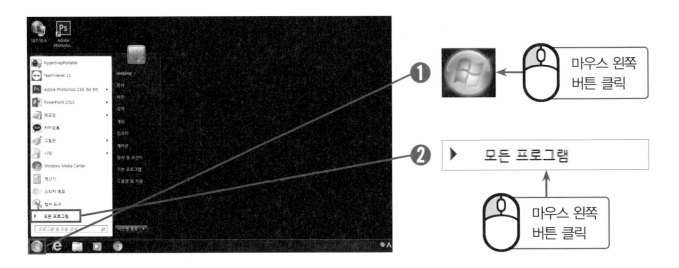

**02** [Adobe Master Collection CS6]을 클릭하여 목록이 펼쳐지면 이 중 [Adobe
Photoshop CS6(64 Bit)]를 클릭하여 포토샵을 실행합니다.

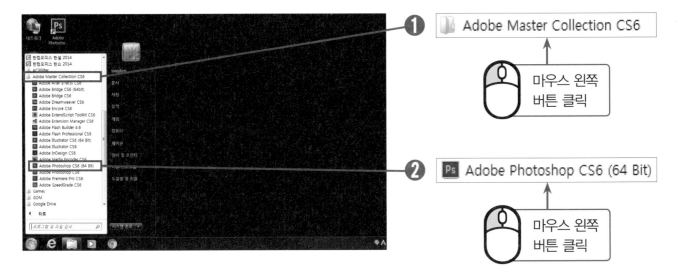

**03** 포토샵이 실행되면 화면 위쪽에 있는 [파일] 메뉴를 클릭하고 밑에 나오는 메뉴 중에서 [열기]를 클릭합니다.

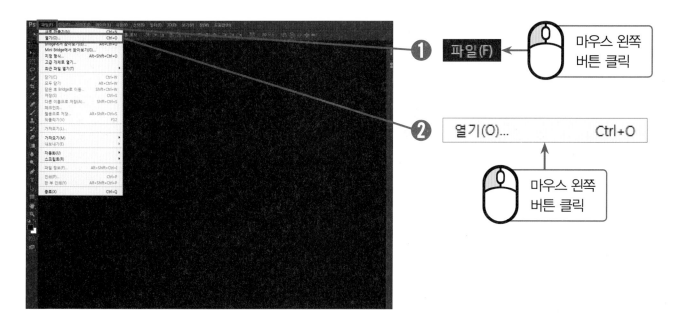

**04** [열기] 대화상자가 나오면 [바탕화면]을 클릭한 뒤 [어른들을 위한 가장 쉬운 포토샵]을 더블클릭합니다.

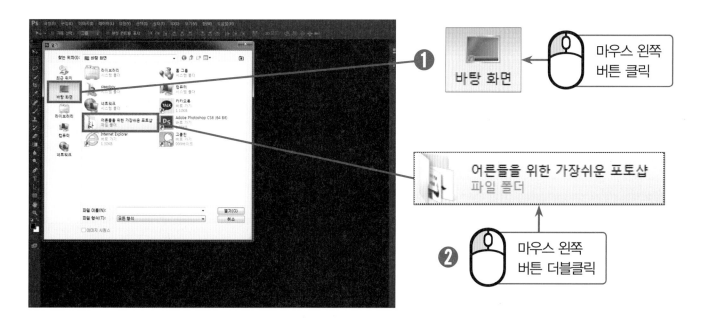

**05** '만장굴.jpg'를 선택 후 [열기]를 클릭하여 만장굴 사진을 열어줍니다.

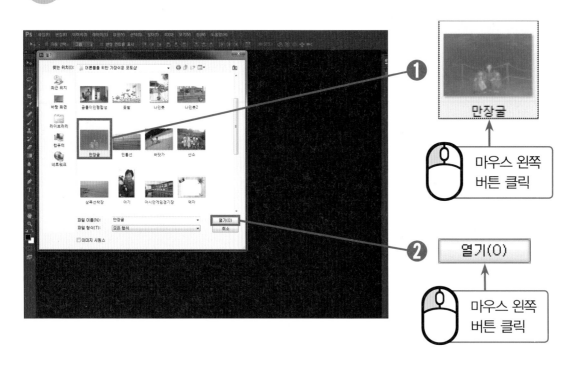

마우스 왼쪽
버튼 클릭

열기(O)

마우스 왼쪽
버튼 클릭

**06** '만장굴.jpg' 이미지가 열렸습니다.

# 02 밝은 사진 어둡게 만들기

레벨 기능을 활용하여 빛의 노출이 강하여 밝은 사진을 보정
하여 자연스럽게 만들어 보도록 하겠습니다.

**01** [보기] 메뉴를 클릭하면 밑에 나오는 메뉴 중에서 [화면 크기에 맞게 조정]을
클릭하여 사진의 비율을 모니터 화면에 알맞게 조정합니다.

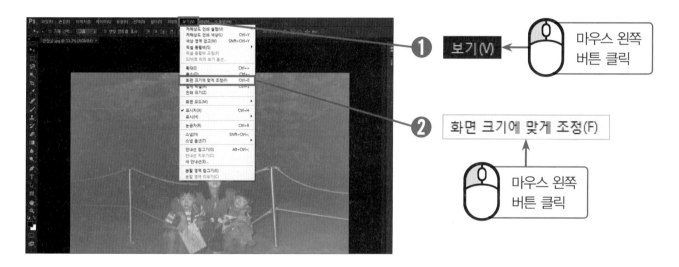

**02** 사진의 비율이 모니터 화면에 맞게 조정되었습니다.

**03** [이미지] 메뉴를 클릭하여 밑에 나오는 메뉴 중에서 [조정]의 [레벨]을 클릭
합니다.

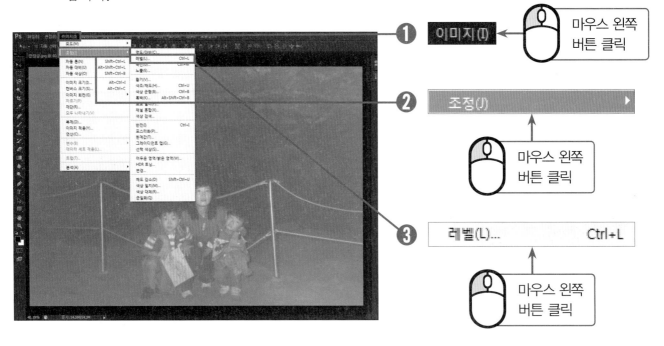

**04** 레벨 창이 나옵니다. 색상의 분포도가 어두운 색과 밝은 색의 값이 모두 부
족한 것을 볼 수 있습니다.

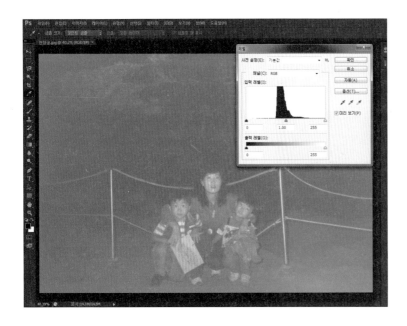

**05** 빛의 노출이 심하여 밝은 부분을 어둡게 보정하기 위해 왼쪽의 삼각형 도형
을 클릭한 상태로 오른쪽으로 움직여 어두운 색 값을 밝게 조정합니다.

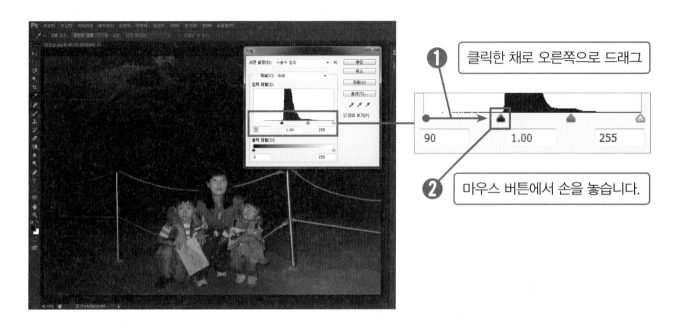

**06** 빛의 노출이 심하여 지나치게 밝았던 사진이 전체적으로 어둡게 보정되었습
니다.

# 03 어두운 사진 밝게 만들기

레벨 기능을 활용하여 빛의 노출이 약하여 어두운 사진을 밝게 보정하여 자연스럽게 만들어 보도록 하겠습니다.

**01** 반대로 어두운 색감을 보정하기 위해 오른쪽의 삼각형 도형을 클릭한 상태로 왼쪽으로 움직여 밝은 색 값을 어둡게 조정합니다.

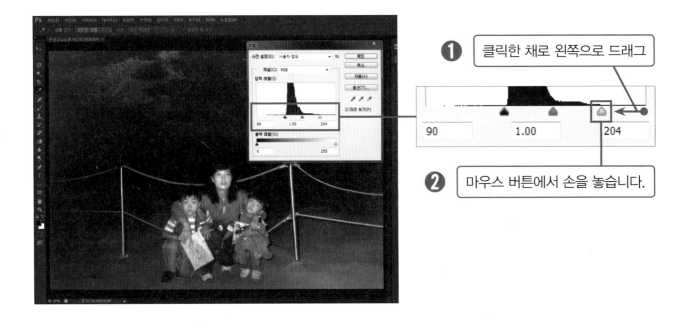

❶ 클릭한 채로 왼쪽으로 드래그

❷ 마우스 버튼에서 손을 놓습니다.

**02** 밝기가 조금 보정되었습니다.

**03** 중앙에 위치한 삼각형(중간 값)을 움직여 밝기를 조절하고 [확인]을 클릭합니다.

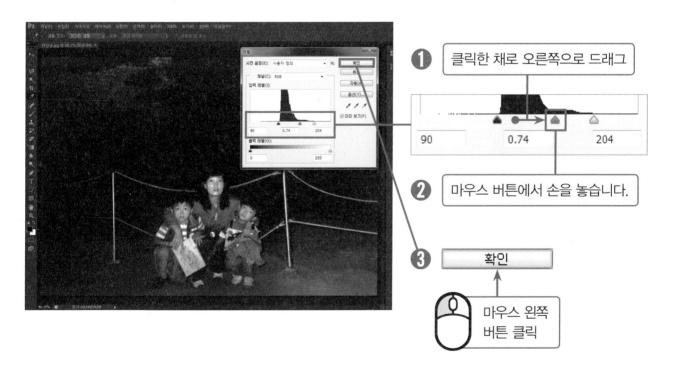

❶ 클릭한 채로 오른쪽으로 드래그

90    0.74    204

❷ 마우스 버튼에서 손을 놓습니다.

❸ 확인

마우스 왼쪽 버튼 클릭

밝기가 조금 더 자연스럽게 보정된 것을 확인해 볼 수 있습니다.

참고!

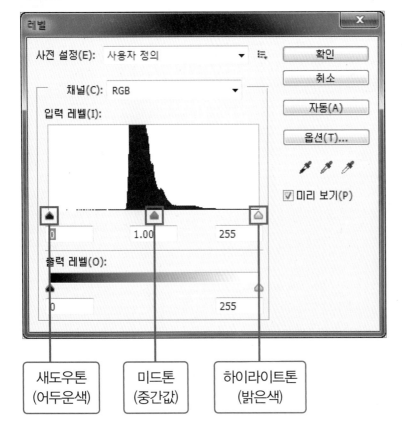

■ 새도우톤(어두운색)

삼각형 도형을 움직여 오른쪽 방향에 가까워질수록 사진이 점점 어두워집니다.

■ 미드톤(중간값)

삼각형 도형을 움직여 왼쪽 방향에 가까워질수록 사진이 밝아지고 오른쪽 방향에 가까워질수록 사진이 어두워집니다.

■ 하이라이트톤(밝은색)

삼각형 도형을 움직여 왼쪽 방향에 가까워질수록 사진이 점점 밝아집니다.

# 제 09장

# 오래되어 색깔이 변색된 사진의 보정

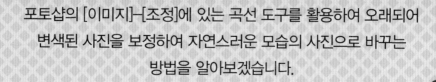

포토샵의 [이미지]-[조정]에 있는 곡선 도구를 활용하여 오래되어
변색된 사진을 보정하여 자연스러운 모습의 사진으로 바꾸는
방법을 알아보겠습니다.

[ 작업 전 ]

[ 작업 후 ]

**팁!** 곡선도구

곡선도구는 사진의 전체적인 색상을 곡선 그래프로 나타내어 이미지의 밝기와 대비를 높이는 기능으로 채널을 활용하여 빨강, 녹색, 파랑색으로 나누어 정밀하게 이미지를 보정합니다. 이 때 선택한 채널의 색상 값이 높아지면 높아질수록 전체적으로 색감이 더 진해지고 값이 낮으면 낮아질수록 전체적으로 색감이 연해지게 하는 기능으로 특정 색감이 많거나 적은 경우 더해주거나 빼주고자 할 때 사용하면 유용한 기능입니다.

● 사용법 : [이미지] – [조정] – [곡선]

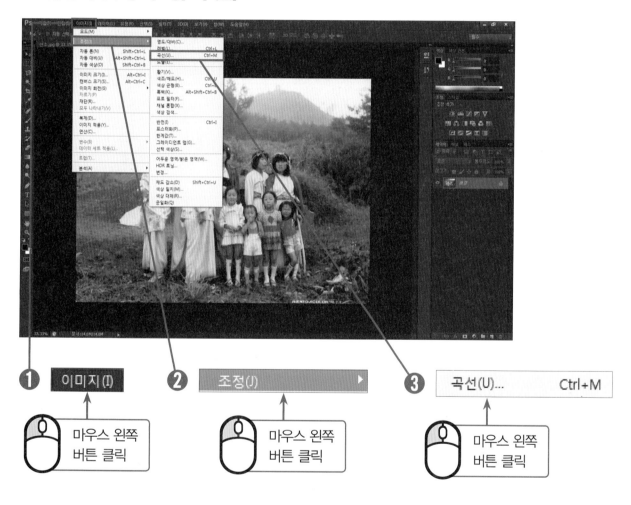

① 이미지(I) — 마우스 왼쪽 버튼 클릭
② 조정(J) — 마우스 왼쪽 버튼 클릭
③ 곡선(U)... Ctrl+M — 마우스 왼쪽 버튼 클릭

# 01 포토샵 실행하여 사진 불러오기

오래되어 색깔이 변색된 사진을 보정하기 위해 포토샵을 실
행한 후 사진을 불러오는 작업을 해보도록 하겠습니다.

**01** 포토샵이 실행되면 화면 위쪽에 있는 [파일] 메뉴를 클릭하고 밑에 나오는
메뉴 중에서 [열기]를 클릭합니다.

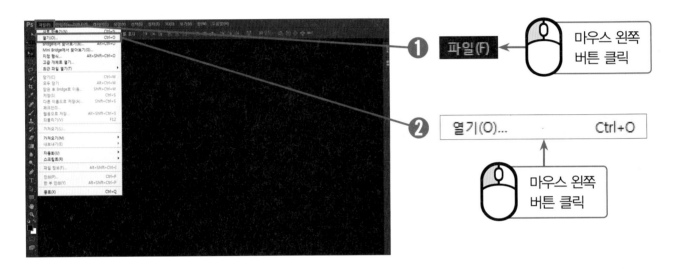

**02** [열기] 대화상자가 나오면 [바탕화면]을 클릭한 뒤 [어른들을 위한 가장 쉬운
포토샵]을 더블클릭합니다.

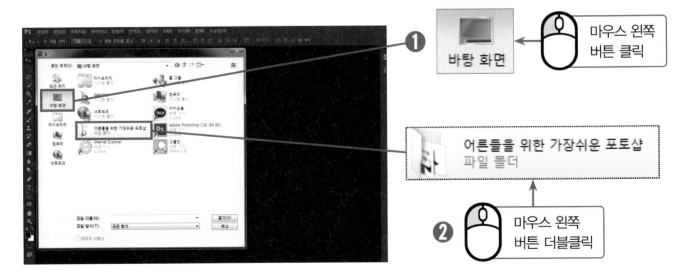

**03** '산소.jpg'를 선택 후 [열기]를 클릭하여 산소 사진을 열어줍니다.

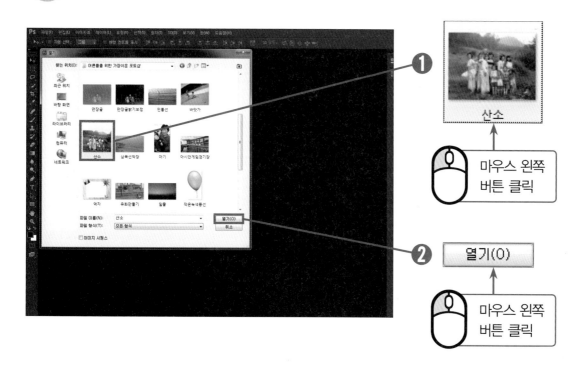

마우스 왼쪽
버튼 클릭

열기(O)

마우스 왼쪽
버튼 클릭

**04** '산소' 이미지가 열렸습니다.

# 02 빨간색 색감 감소시키기

곡선 기능을 활용하여 빨강색 색감을 감소시켜 보도록 하겠습니다.

**01** [이미지] 메뉴를 클릭하여 밑에 나오는 메뉴 중에서 [조정]의 [곡선]을 클릭합니다.

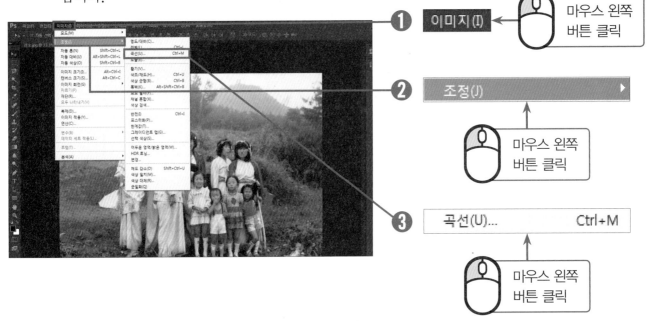

❶ 이미지(I) ← 마우스 왼쪽 버튼 클릭

❷ 조정(J) ▶ 마우스 왼쪽 버튼 클릭

❸ 곡선(U)...          Ctrl+M 마우스 왼쪽 버튼 클릭

**02** 곡선 창이 열리면 [채널]의 RGB를 클릭하여 목록이 나오면 빨강을 선택합니다.

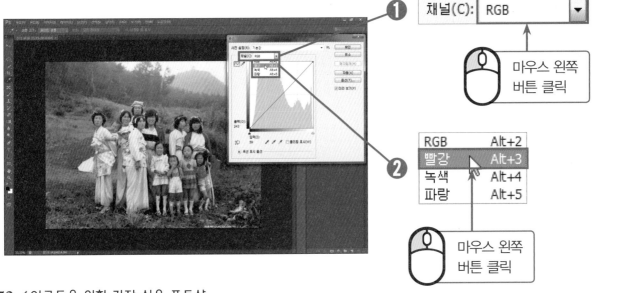

❶ 채널(C): RGB ▼ 마우스 왼쪽 버튼 클릭

❷
| RGB | Alt+2 |
| 빨강 | Alt+3 |
| 녹색 | Alt+4 |
| 파랑 | Alt+5 |

마우스 왼쪽 버튼 클릭

**03** 채널이 빨강으로 선택되면 마우스 왼쪽 버튼을 클릭하여 곡선을 선택한 상태로 출력 값은 55에 입력 값은 84의 위치에 맞추어 줍니다. [확인]을 클릭합니다.

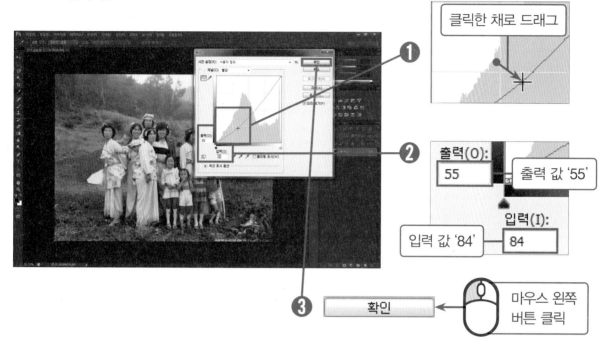

**04** 전체적으로 빨간색 색감이 감소된 것을 확인해 볼 수 있다.

# 03 녹색 색감 감소시키기

곡선 기능을 활용하여 녹색 색감을 감소시켜 보도록 하겠습니다.

**01** 빨간색 색감이 보정되면 채널을 클릭하여 녹색을 선택 후 마우스로 왼쪽 버튼을 클릭하여 곡선을 선택한 상태로 출력 값은 166에 입력 값은 174의 위치에 맞추어 줍니다. [확인]을 클릭합니다.

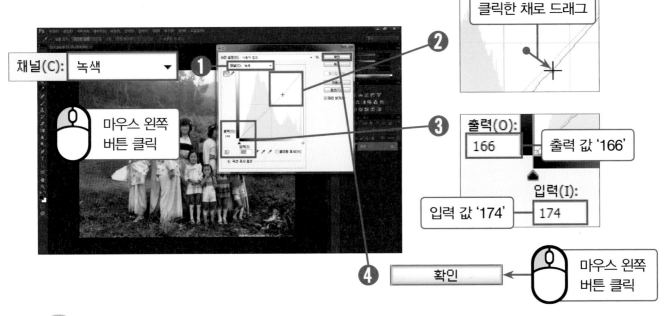

채널(C): 녹색

마우스 왼쪽 버튼 클릭

클릭한 채로 드래그

출력(O): 166 — 출력 값 '166'

입력 값 '174' — 입력(I): 174

확인 ← 마우스 왼쪽 버튼 클릭

**02** 전체적으로 녹색 색감이 감소된 것을 확인해 볼 수 있습니다.

# 04 파랑 색감 감소시키기

곡선 기능을 활용하여 파란색 색감을 감소시켜 보도록 하겠습니다.

**01** 녹색 색감이 보정되면 채널을 클릭하여 파랑을 선택 후 마우스로 왼쪽 버튼을 클릭하여 곡선을 선택한 상태로 출력 값은 70에 입력 값은 66의 위치에 맞추어 준 후 [확인]을 클릭합니다.

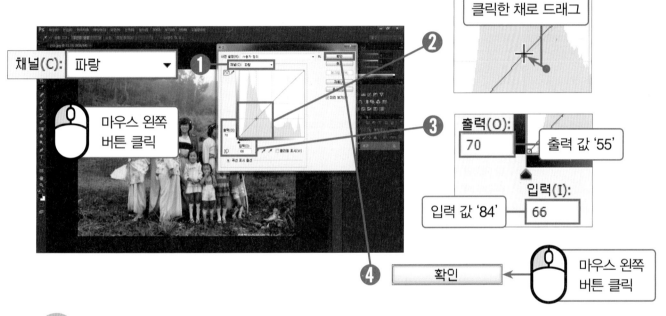

채널(C): 파랑

마우스 왼쪽 버튼 클릭

클릭한 채로 드래그

출력(O): 70 — 출력 값 '55'

입력 값 '84' — 입력(I): 66

확인 — 마우스 왼쪽 버튼 클릭

**02** 전체적으로 파란색 색감이 감소된 것을 확인해 볼 수 있습니다.

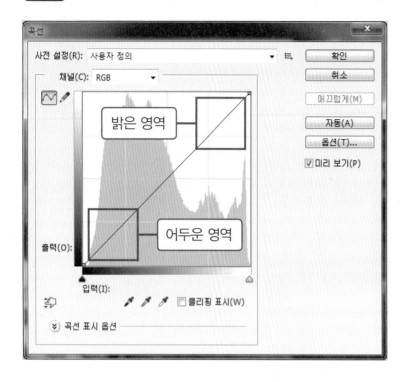

곡선기능 실행시 초기 화면은 대각선으로 표시되며 오른쪽 방향의 위쪽은 밝은 영역이 왼쪽 아래쪽에는 어두운 영역이 표시됩니다.

그래프의 수평 축은 입력 수준(원본 이미지 값)을 나타내고, 수직 축은 출력 수준(조정된 새 값)을 나타냅니다. 그래프에서 경사가 심한 부분은 사진의 색상대비가 높은 영역을 나타내며 경사가 완만한 부분은 색상대비가 낮은 영역을 나타냅니다.

곡선 윗부분의 점을 움직이면 선택한 색상의 밝은 영역이 조정되며, 곡선의 중간 부분의 점을 움직이면 선택한 색상의 중간 영역이, 곡선의 아랫부분에 있는 점을 움직이면 어두운 영역이 조정됩니다.

밝은 영역을 어둡게 만들고자 한다면 곡선의 위쪽에 있는 점을 아래로 움직이고 아래쪽에 있는 점을 위로 옮기면 사진의 어두운 부분이 밝게 됩니다.

# 제 10장

# 활기 있는
# 사진 만들기

포토샵의 레벨 기능과 활기 기능을 활용하여 전체적으로 탁하여 무거운
느낌의 사진을 밝고 생동감 있는 사진으로 바꾸어 보도록 하겠습니다.

[ 작업 전 ]

[ 작업 후 ]

**🔒팁!** 활기 기능

활기 기능은 활기와 채도를 사용하여 활기(채도가 높은 색상은 크게 영향을 주지 않으며 채도가 낮은 색상을 조절하여 적절한 채도를 만들어줌)와 채도(색의 맑고 탁한 정도, 색의 선명도)를 조절하여 생기 있는 사진을 만들어 주는데 사용됩니다.

● **사용법 : [이미지] – [조정] – [활기]**

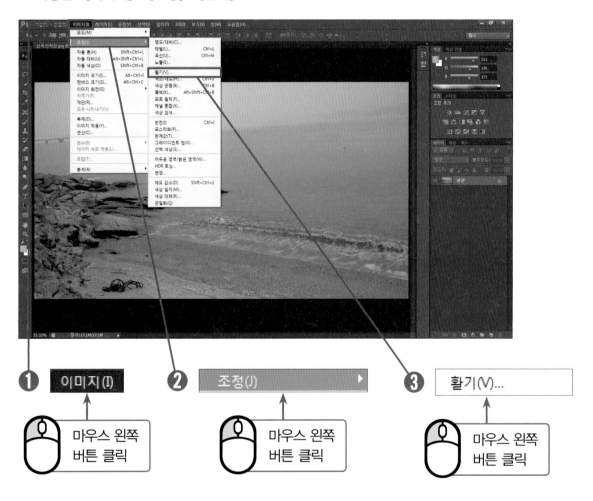

# 01 포토샵 실행하여 사진 불러오기

밝고 생동감 있는 사진을 만들기 위해 포토샵을 실행한 후 사진을 불러오는 작업을 해보도록 하겠습니다.

**01** 포토샵이 실행되면 화면 위쪽에 있는 [파일] 메뉴를 클릭하고 밑에 나오는 메뉴 중에서 [열기]를 클릭합니다.

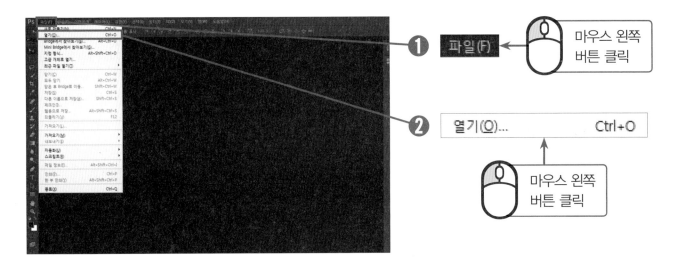

**02** [열기] 대화상자가 나오면 [바탕화면]을 클릭한 뒤 [어른들을 위한 가장 쉬운 포토샵]을 더블클릭합니다.

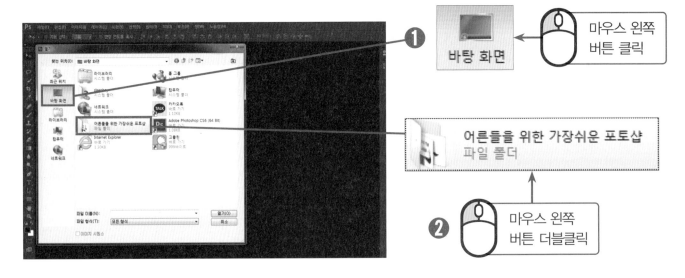

**03** '삼목선착장.jpg'를 선택 후 [열기]를 클릭하여 '삼목선착장' 사진을 열어줍니다.

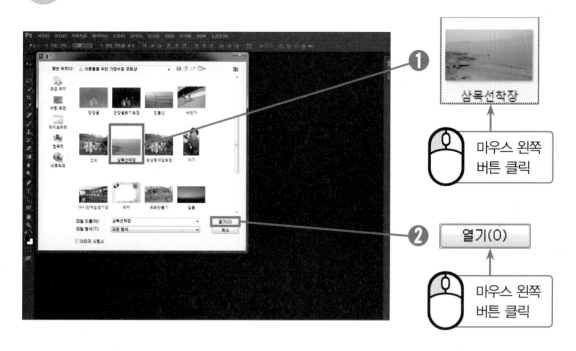

**04** '삼목선착장.jpg' 사진이 열리면 [보기] 메뉴를 클릭하면 밑에 나오는 메뉴 중에서 [화면 크기에 맞게 조정]을 클릭하여 사진의 비율을 모니터 화면에 알맞게 조정해 줍니다.

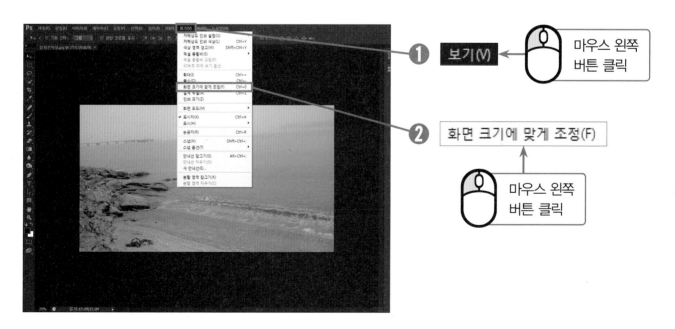

# 02 사진의 밝기 조정

레벨 기능을 활용하여 사진의 밝기를 조정해봅니다.

**01** 사진이 화면 비율에 맞게 준비되면 화면 상단의 [이미지] 메뉴의 [조정]을 클릭
하여 밑에 나오는 메뉴 중에서 [레벨]을 클릭하여 레벨 창을 활성화합니다.

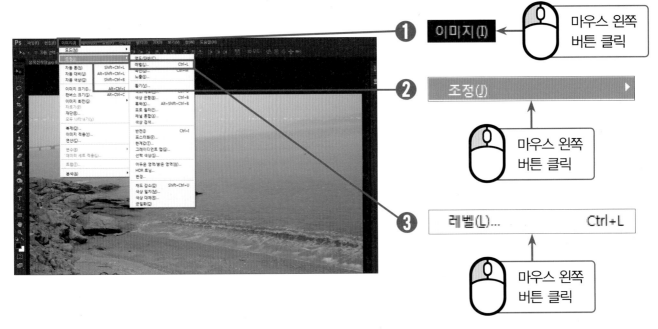

① 이미지(I) ← 마우스 왼쪽 버튼 클릭

② 조정(J) ▶ ← 마우스 왼쪽 버튼 클릭

③ 레벨(L)...    Ctrl+L ← 마우스 왼쪽 버튼 클릭

**02** 레벨 창의 막대 모양을 자세히 살펴보면 오른쪽의 값이 거의 없는 상태(밝은
색의 값이 부족한 것)를 확인해 볼 수 있습니다.

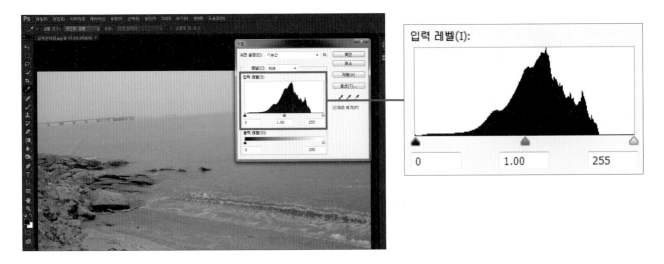

입력 레벨(I):

0    1.00    255

**03** 레벨 창 오른쪽의 삼각형 도형을 클릭한 상태로 왼쪽방향으로 움직여 값이
214가 되면 [확인]을 클릭합니다.

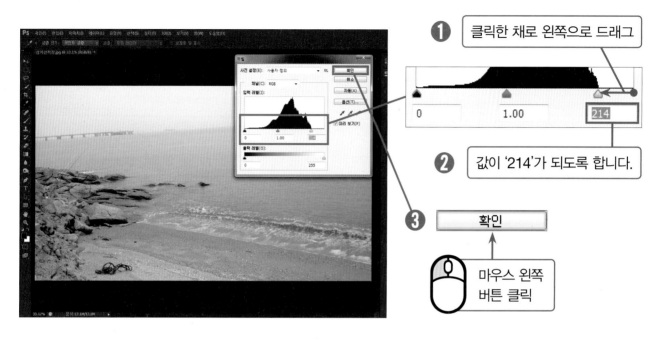

❶ 클릭한 채로 왼쪽으로 드래그

❷ 값이 '214'가 되도록 합니다.

❸ 확인

마우스 왼쪽
버튼 클릭

**04** 레벨 값이 적용되어 전체적으로 탁한 분위기였던 사진이 밝게 보정된 것을
확인해 볼 수 있습니다.

# 03 생동감 있는 사진 만들기

활기 기능을 활용하여 탁한 느낌의 사진을 생동감 있게 만들
어 보도록 하겠습니다.

**01** 레벨 값이 적용되어 사진이 밝게 보정되면 화면 상단의 [이미지] 메뉴의 [조
정]을 클릭하여 밑에 나오는 메뉴 중에서 [활기]를 클릭하여 활기 창을 활성
화합니다.

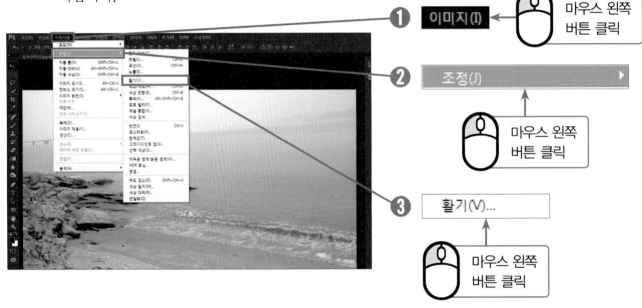

**02** 활기 조정 창이 나오면 활기 값 조절 막대를 오른쪽으로 움직여 활기 값을
+60으로 조정합니다.

**03** 활기 값이 조정되면 채도 값 조절 막대를 움직여 +30으로 조절합니다. [확인]을 클릭합니다.

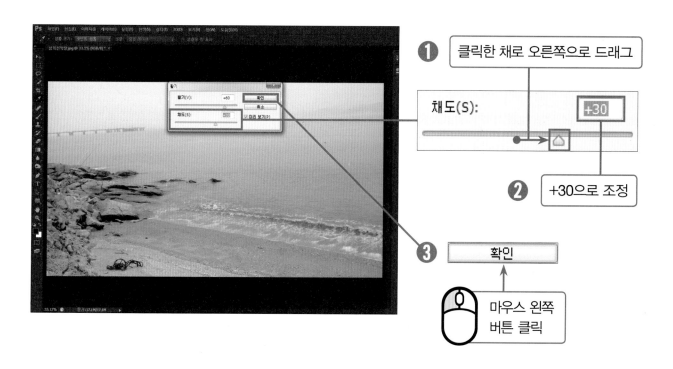

**①** 클릭한 채로 오른쪽으로 드래그

채도(S): +30

**②** +30으로 조정

**③** 확인

마우스 왼쪽 버튼 클릭

**04** 활기 효과가 적용되어 색감이 풍부해지며 생기 있는 사진이 되었습니다.

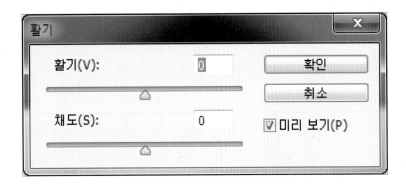

■활기

값 조절 막대를 클릭하여 활기 값을 왼쪽으로 움직이면 색감이 낮아져 색상이 점점 약해(탁해)지며 오른쪽으로 움직이면 사진의 색감(진하기)이 점점 강해집니다.

■채도

값 조절 막대를 클릭하여 채도 값을 왼쪽으로 움직이면 채도(색의 맑고 탁한 정도)가 낮아져 회색 사진에 가까워지며 오른쪽으로 움직이면 사진의 채도가 높아져 사진의 색감이 진하게 됩니다.

# 제 11장

# 손상된 색감의 사진 복원하기

사진이 오래되어 색감이 손상된 사진을 포토샵의 색조/채도 기능을
활용하여 부족한 색감을 더해주어 자연스러운 색감의 사진으로
바꾸어 보도록 하겠습니다.

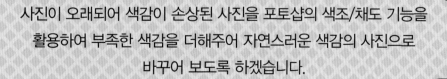

[ 작업 전 ]

[ 작업 후 ]

# 01 포토샵 실행하여 사진 불러오기

사진이 오래되어 색감이 손상된 사진을 보정하기 위해 포토 샵을 실행 후 사진을 불러오는 작업을 해보도록 하겠습니다.

**01** 포토샵이 실행되면 화면 위쪽에 있는 [파일] 메뉴를 클릭하고 밑에 나오는 메뉴 중에서 [열기]를 클릭합니다.

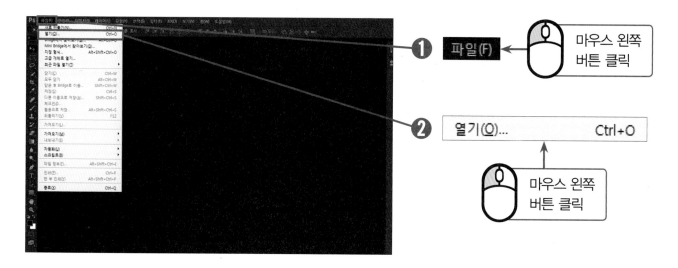

**02** [열기] 대화상자가 나오면 [바탕화면]을 클릭한 뒤 [어른들을 위한 가장 쉬운 포토샵]을 더블클릭합니다.

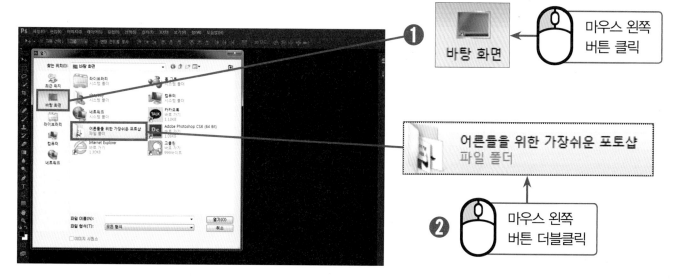

**03** '잘못했어요.jpg'를 선택 후 [열기]를 클릭하여 '잘못했어요' 사진을 열어줍니다.

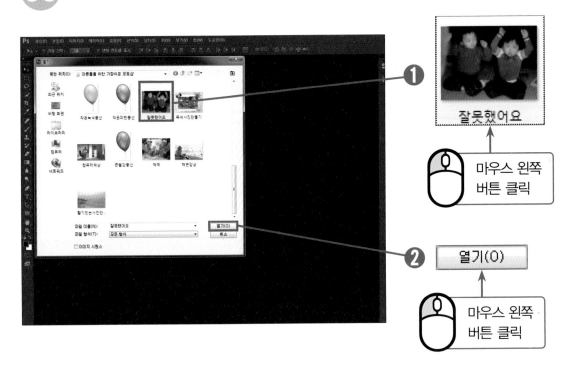

마우스 왼쪽
버튼 클릭

열기(O)

마우스 왼쪽
버튼 클릭

**04** 사진이 열리면 [보기] 메뉴를 클릭하고 밑에 나오는 메뉴 중에서 [화면 크기에
맞게 조정]을 클릭하여 사진의 비율을 모니터 화면에 알맞게 조정해 줍니다.

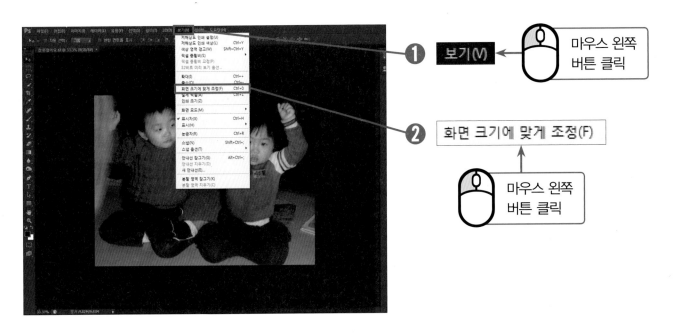

보기(M)

마우스 왼쪽
버튼 클릭

화면 크기에 맞게 조정(F)

마우스 왼쪽
버튼 클릭

# 02 색조/채도 보정하기

사진이 오래되어 색감이 손상된 사진을 포토샵의 색조/채도 기능을 활용하여 보정해 보도록 하겠습니다.

**01** 사진이 화면 비율에 맞게 준비되면 화면 상단의 [이미지] 메뉴의 [조정]을 클릭하여 밑에 나오는 메뉴 중에서 [색조/채도]를 클릭하여 색조/채도 창을 활성화합니다.

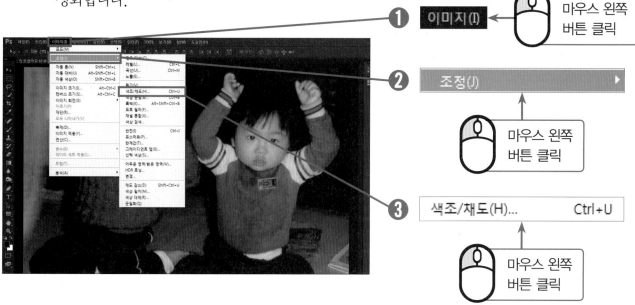

① 이미지(I) ← 마우스 왼쪽 버튼 클릭

② 조정(J) ▶ ← 마우스 왼쪽 버튼 클릭

③ 색조/채도(H)...     Ctrl+U ← 마우스 왼쪽 버튼 클릭

**02** [색조/채도] 창이 나오면 왼쪽 상단의 마스터를 클릭하여 색상 목록이 나오게 합니다. 색상 목록이 나오면 빨강 계열을 선택합니다.

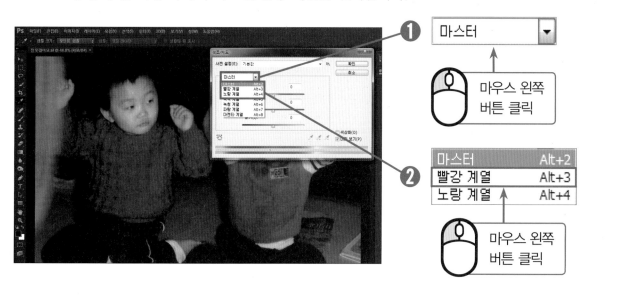

① 마스터 ▼ ← 마우스 왼쪽 버튼 클릭

②
| 마스터 | Alt+2 |
| 빨강 계열 | Alt+3 |
| 노랑 계열 | Alt+4 |

← 마우스 왼쪽 버튼 클릭

**03** 값 조절 막대를 움직여 색조 값을 +6으로, 채도 값을 +12로 조정합니다.
[확인]을 클릭합니다.

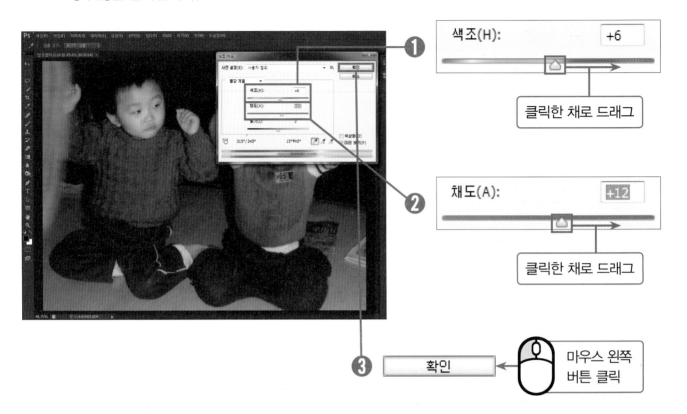

**04** 빨강 계열의 색조와 채도가 더해져 피부색이 자연스러워진 것을 확인해 볼
수 있습니다.

**05** 색상 목록이 나오면 노랑 계열을 선택한 후 값 조절 막대를 움직여 색조 값을 +8로, 채도 값을 +16으로 조정합니다. [확인]을 클릭합니다.

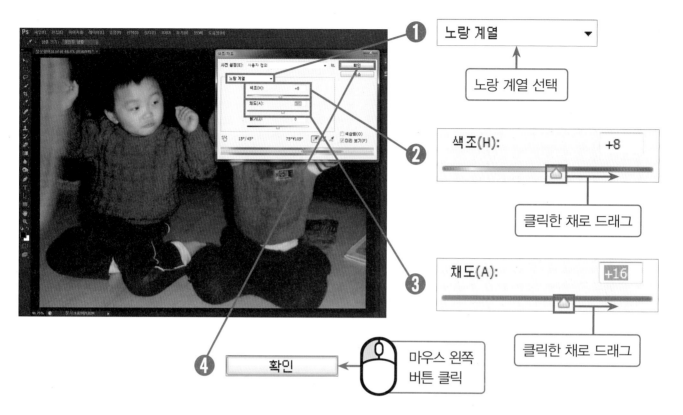

① 노랑 계열 선택

색조(H): +8

클릭한 채로 드래그

채도(A): +16

클릭한 채로 드래그

④ 확인 ← 마우스 왼쪽 버튼 클릭

**06** 노랑 계열의 색조와 채도가 더해져 바닥 부분의 색감이 자연스러워진 것을 확인해 볼 수 있습니다.

**07** 색상 목록이 나오면 녹청 계열을 선택한 후 값 조절 막대를 움직여 색조 값
을 +14로, 채도 값을 +20으로 조정하고 [확인]을 클릭합니다.

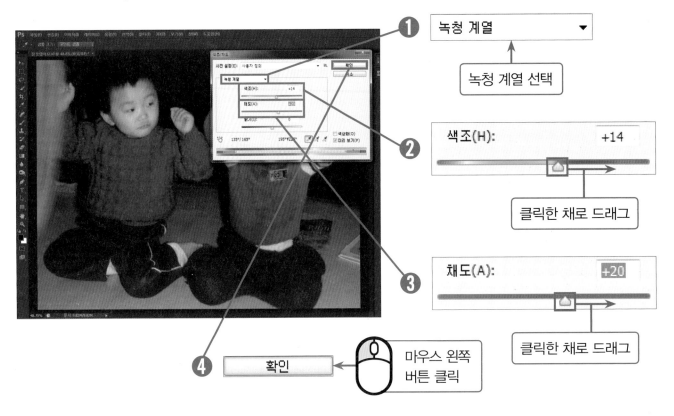

**08** 녹청 계열의 색조와 채도가 더해져 오른쪽 아이의 윗옷 색깔이 진해진 것을
확인해 볼 수 있습니다.

**09** 색상 목록이 나오면 파랑 계열을 선택한 후 값 조절 막대를 움직여 색조 값을 +4로, 채도 값을 +8로 조정해주고 [확인]을 클릭합니다.

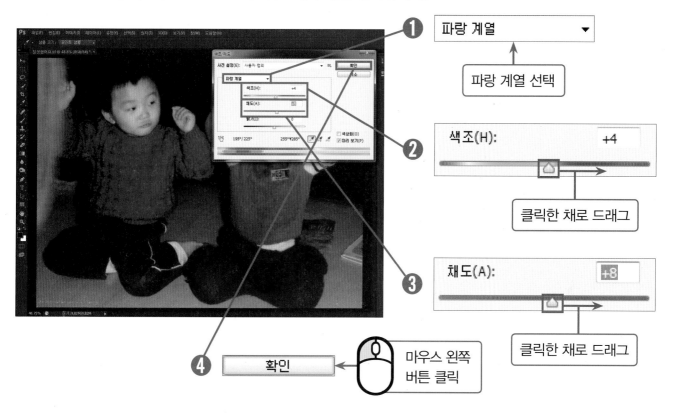

**10** 파랑 계열의 색조와 채도가 더해져 왼쪽 아이의 윗옷 색깔이 진해진 것을 확인해 볼 수 있습니다.

![참고!]

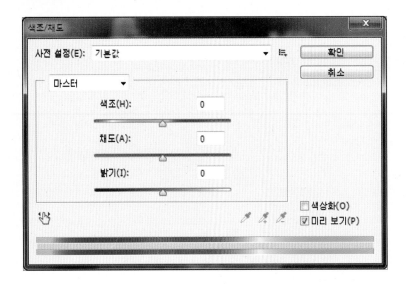

■ 색조

색조(색상의 밝고 어두움 정도)의 값을 조절하면 해당되는 색깔이 진해집니다.

■ 채도

채도(색상의 맑고 탁한 정도, 색의 선명도)의 값을 왼쪽으로 움직이면 채도가 낮아져 회색 사진에 가까워지며 오른쪽으로 움직이면 사진의 채도가 높아져 사진이 색감이 진하게 바뀝니다.

■ 밝기

밝기의 값을 왼쪽으로 움직이면 점점 어두워지며 사진 전체가 검정색으로 변하며 오른쪽으로 움직이면 사진의 점점 밝아지면서 사진 전체가 흰색으로 바뀝니다.

# 제 12장

# 도전 나도 모델!
## 다리 길이
## 자연스럽게
## 늘리기

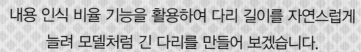

내용 인식 비율 기능을 활용하여 다리 길이를 자연스럽게
늘려 모델처럼 긴 다리를 만들어 보겠습니다.

🔒팁! 내용 인식 비율

내용 인식 비율은 포토샵 CS4 버전부터 제공되는 유용한 기능으로 신체 비율을 조정
하거나 특정 부분을 제외한 배경 전체를 자연스럽게 늘려주고 싶을 때 활용하면 유용
합니다. 선택한 부분을 알파채널이라는 별도의 공간에 저장해 변형에 영향을 받지 않
아 자연스러운 합성을 할 수 있게 해주는 도구입니다.

# 01 포토샵 실행하여 사진 불러오기

내용 인식 비율 기능을 활용하여 다리 길이를 늘리기 위해 포토샵을 실행 후 사진을 불러오는 작업을 해보도록 하겠습니다.

**01** 포토샵이 실행되면 화면 위쪽에 있는 [파일] 메뉴를 클릭하고 밑에 나오는 메뉴 중에서 [열기]를 클릭합니다.

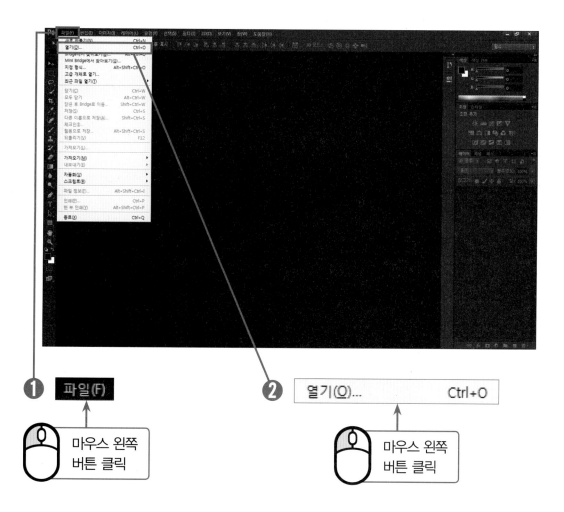

**1** 파일(F)

마우스 왼쪽 버튼 클릭

**2** 열기(O)...          Ctrl+O

마우스 왼쪽 버튼 클릭

**02** [열기] 대화상자가 나오면 [바탕화면]을 클릭한 뒤 [어른들을 위한 가장 쉬운 포토샵]을 더블클릭합니다.

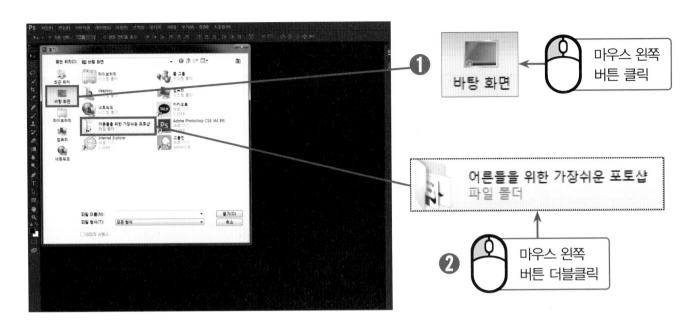

**03** '나인봇.jpg'를 선택 후 [열기]를 클릭하여 나인봇 사진을 열어줍니다.

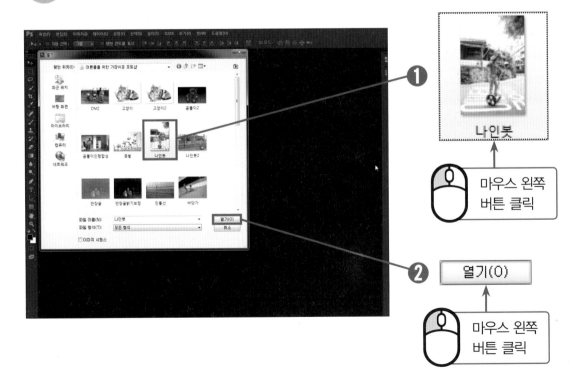

# 02 사진에 빈 공간 만들기

다리 길이를 늘리기 위해 필요한 빈 공간을 만들어 보도록 하겠습니다.

**01** 사진이 열리면 화면 오른쪽 중앙에 위치한 배경 레이어를 더블클릭합니다.

**02** 새 레이어 창이 뜨면 [확인]을 클릭해주어 자물쇠 그림을 제거합니다.

**03** 화면 오른쪽의 자물쇠 그림이 제거되면 화면 위쪽의 [이미지] 메뉴를 클릭하여 밑에 나오는 메뉴 중에서 [캔버스 크기]를 클릭합니다.

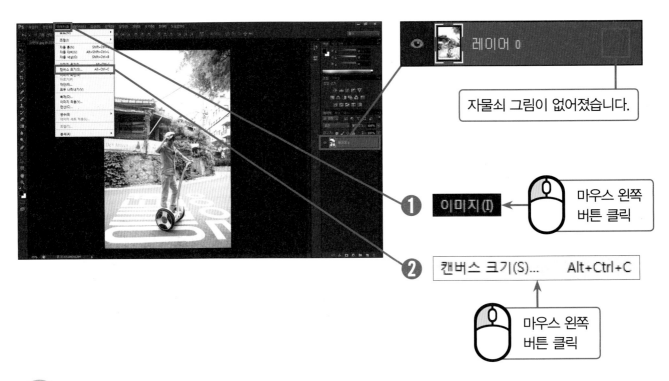

레이어 0

자물쇠 그림이 없어졌습니다.

❶ 이미지(I) ← 마우스 왼쪽 버튼 클릭

❷ 캔버스 크기(S)...　Alt+Ctrl+C

마우스 왼쪽 버튼 클릭

**04** 캔버스 크기 창이 나오면 기준의 위쪽을 클릭합니다.

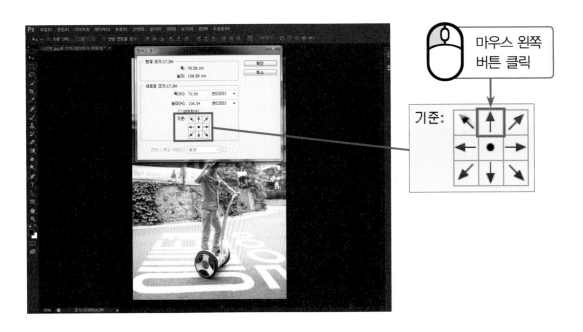

마우스 왼쪽 버튼 클릭

기준:

**05** 기준의 위쪽을 클릭해주어 기준이 바뀌면 높이 값 창을 클릭하여 116을 입력해 준 후 [확인]을 클릭합니다.

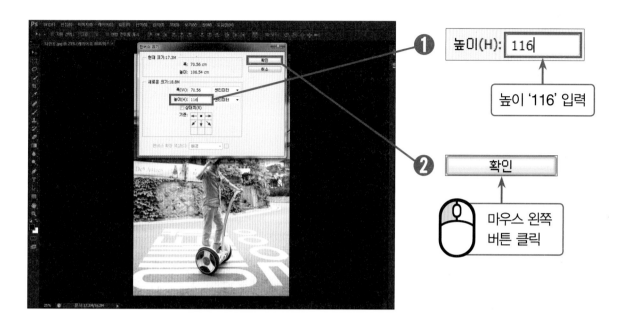

① 높이(H): 116

높이 '116' 입력

② 확인

마우스 왼쪽
버튼 클릭

**06** 캔버스의 크기가 약 10cm정도 늘어나 사진 하단에 빈공간이 생긴 것을 확인해 볼 수 있습니다.

빈 공간이 새로 생겼습니다.

# 03 보호 영역 지정하기

내용 인식 비율 도구를 활용하여 다리 길이를 자연스럽게 늘리기에 앞서 보호해 줄 영역을 선택해 보도록 하겠습니다.

**01** 화면 왼쪽의 [사각형 선택 윤곽도구]를 클릭하고 사진의 상반신만 선택한 후 마우스 왼쪽 버튼을 놓아줍니다.

마우스 왼쪽 버튼 클릭

드래그

마우스 버튼에서 손을 놓습니다.

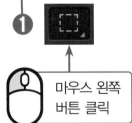

마우스 왼쪽 버튼 클릭

**02** 사진의 상반신만 선택되면 화면 오른쪽의 채널을 클릭하여 레이어창을 채널
창으로 전환합니다.

**03** 레이어창이 채널창으로 전환되면 화면 하단의 [선택영역을 채널로 저장합니
다]를 클릭합니다.

**🔒팁!** 채널이란

포토샵에서의 채널은 화면상에서 색을 표현해주는 곳으로 사진을 구성하기 위해 색상 정보를 가지고 있는 기본 색상 채널과 선택 범위를 저장하여 만들어지는 알파 채널, 스팟 채널(별색 채널)이 있습니다.

① 색상이 합쳐진 RGB채널

② Red, Green, Blue색상채널

③ 스팟 채널(별색 채널)

④ 알파 채널

⑤ 채널을 선택으로 불러오기

⑥ 채널 저장 버튼

⑦ 신규 채널 생성 버튼 (채널 복사도 가능)

⑧ 채널 휴지통

〈RGB 채널〉
이미지를 열면 자동으로 구성되어 있는 채널로 사진의 색상정보를 표시해 주는 채널을 색상 채널이라 하며 RGB 모드의 사진은 빨강 채널, 녹색 채널, 파랑 채널의 색상 채널과 이들을 합친 RGB 색상 채널로 구성됩니다.

〈알파 채널〉
색상 채널 이외에 부가적으로 만들어진 채널로 선택 영역을 만들어 저장하는 곳으로 흰색이 칠해진 곳은 선택영역으로 선택되고 검은색으로 칠해진 곳은 선택영역으로 잡히지 않아 어떤 영향도 미치지 않습니다. 여러 개의 알파 채널을 만든 후 흰색의 농도를 조절하여 선택영역을 더하거나 빼면서 영역을 만들어 최종적으로는 RGB 색상 채널에 효과를 적용합니다.

# 04 다리 길이 늘리기

내용 인식 비율 도구를 활용하여 다리길이를 자연스럽게 늘
려 보도록 하겠습니다.

**01** 선택영역의 채널이 저장되면 화면 상단의 [선택] 메뉴를 클릭하여 밑에 나오
는 메뉴 중에서 [선택 해제]를 클릭하여 선택된 영역을 해제합니다.

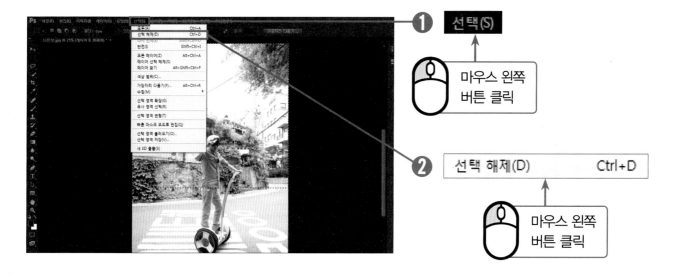

**02** 선택 영역이 해제되면 화면 상단의 [편집] 메뉴를 클릭하여 밑에 나오는 메
뉴 중에서 [내용 인식 비율]을 클릭합니다.

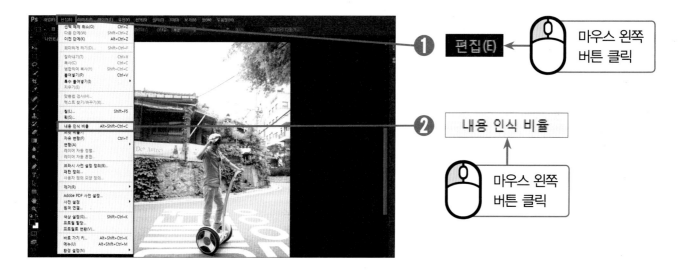

**03** 화면 상단의 옵션 상자의 내용 중 [보호] 옆의 상자를 클릭하여 목록이 나오
게 한 뒤 알파1을 선택합니다.

**04** 알파1이 선택되면 사진 하단 부분을 클릭하여 움직여 다리 길이를 늘려줍니
다. 사진을 저장하고 작업창을 닫습니다.

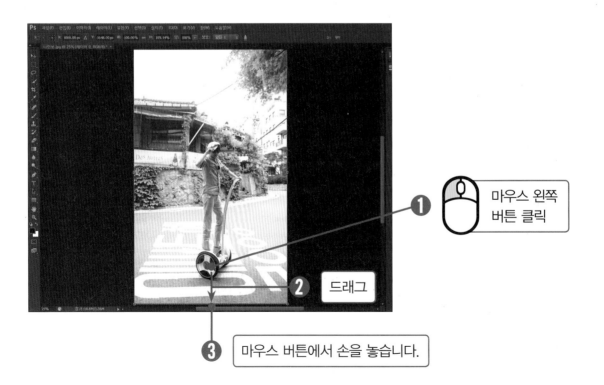

# 제 13장

# 나만을 위한 사진 만들기

내용 인식 이동 도구를 활용하여 해변을 감상중인 여인을 제외한
배경들을 모두 제거하여 보도록 하겠습니다.

[ 작업 전 ]

[ 작업 후 ]

🔒팁! 내용 인식 이동도구(✄)

내용 인식 도구는 대상을 선택한 뒤 원하는 위치로 대상을 이동시키면 자연스럽게 합성되어 선택한 부분이 제거되는 기능으로 불필요한 대상을 선택하여 자연스럽게 제거해주고자 할 때 사용하면 유용한 도구입니다.

# 01 포토샵 실행하여 사진 불러오기

내용 인식 이동 도구를 사용하기 위해 포토샵을 실행한 후
필요한 사진을 불러오는 작업을 해보도록 하겠습니다.

**01** 포토샵이 실행되면 화면 위쪽에 있는 [파일] 메뉴를 클릭하고 밑에 나오는
메뉴 중에서 [열기]를 클릭합니다.

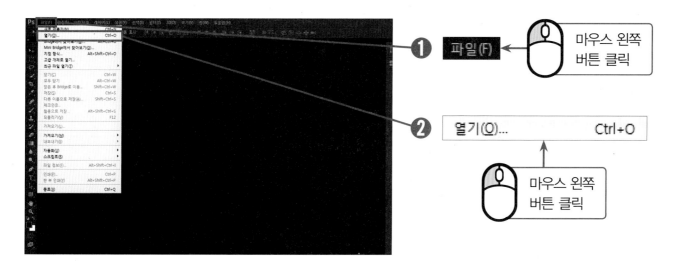

**02** 열기 대화상자가 나오면 [바탕화면]을 클릭한 뒤 [어른들을 위한 가장 쉬운
포토샵]을 더블클릭합니다.

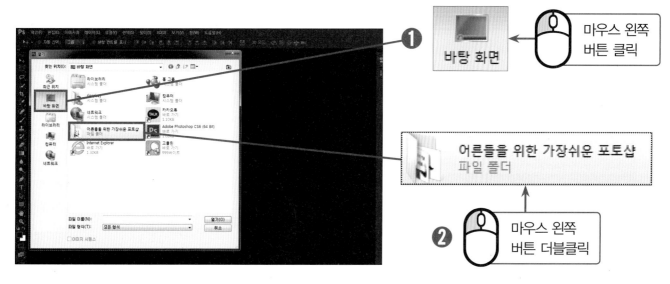

**03** '해변감상.jpg'를 선택 후 [열기]를 클릭하여 '해변감상' 사진을 열어줍니다.

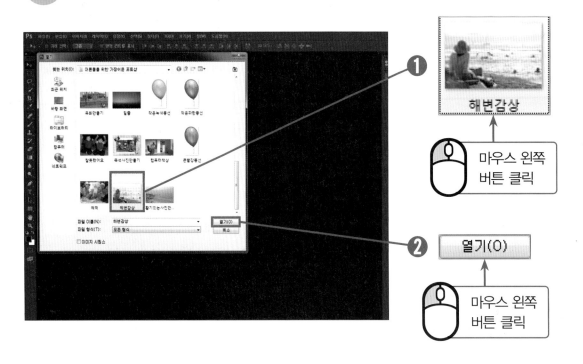

**04** '해변감상.jpg' 사진이 열리면 화면 상단의 [보기] 메뉴를 클릭하여 밑에 나오는 메뉴 중에서 [화면 크기에 맞게 조정]을 클릭하여 사진의 비율을 모니터 화면에 알맞게 조정해 줍니다.

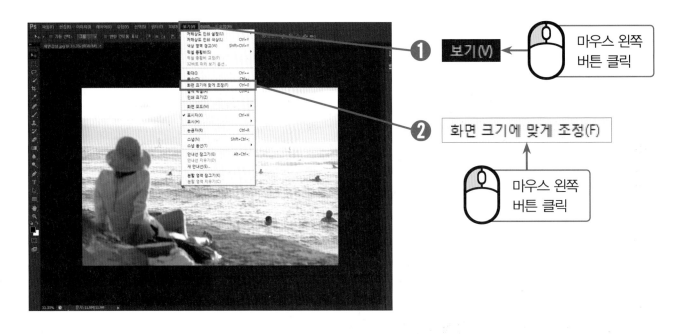

# 02 한 번에 한 영역씩 제거하기

내용 인식 이동 도구를 활용하여 필요 없는 부분을 자연스럽게 하나씩 제거해 보도록 하겠습니다.

**01** [스팟 복구 브러시 도구]를 마우스 왼쪽 버튼으로 길게 클릭해주어 숨겨진 선택창이 나오면 [내용 인식 이동 도구]를 선택합니다.

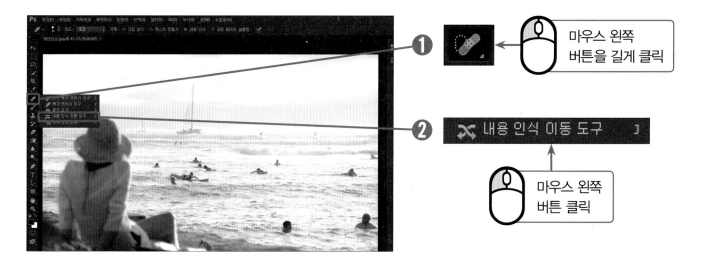

마우스 왼쪽 버튼을 길게 클릭

내용 인식 이동 도구

마우스 왼쪽 버튼 클릭

**02** [내용 인식 이동 도구]가 선택되면 마우스 왼쪽 버튼을 클릭한 상태로 움직여 제거하고자 하는 부분(오른쪽 두 남자)을 선택하여 선택이 완료되면 마우스 왼쪽 버튼을 놓아줍니다.

마우스 클릭한 채로 두 남자 주위로 드래그

**03** 제거하고자 하는 부분(오른쪽 두 남자)이 선택된 상태에서 마우스 왼쪽 버튼을 클릭한 상태로 화면 바깥으로 걸치게 움직인 후 마우스 왼쪽 버튼을 놓아줍니다.

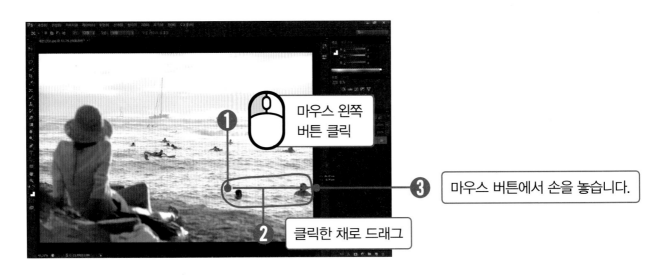

**04** [내용 인식 이동 도구]가 적용되어 선택한 부분(오른쪽 두 남자)이 자연스럽게 제거된 것을 확인해 볼 수 있습니다.

**05** 다시 마우스 왼쪽 버튼을 클릭한 상태로 움직여 추가로 제거하고자 하는 부분(가운데 사람들)을 선택하여 선택이 완료되면 마우스 왼쪽 버튼을 놓아줍니다.

마우스 클릭한 채로
사람들 주위로 드래그

**06** 제거하고자 하는 부분(가운데 사람들)이 선택된 상태에서 마우스 왼쪽 버튼을 클릭한 상태로 화면 바깥에 걸치게 움직인 후 마우스 왼쪽 버튼을 놓아줍니다.

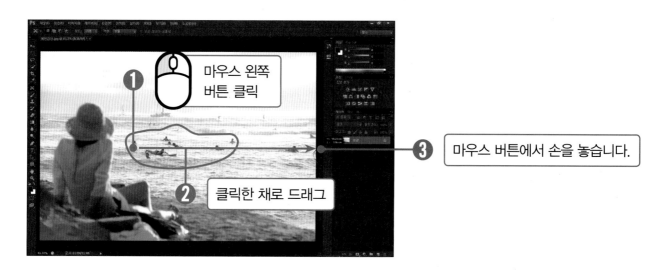

마우스 왼쪽
버튼 클릭

클릭한 채로 드래그

마우스 버튼에서 손을 놓습니다.

**07** 내용 인식 이동 도구가 적용되어 추가로 선택한 부분(가운데 사람들)이 자연 스럽게 제거된 것을 확인해 볼 수 있습니다.

**08** 추가로 필요 없는 부분을 제거하기 위해 마우스 왼쪽 버튼을 클릭한 상태로 움직여 제거하고자 하는 부분(오른쪽 두 명)을 선택하여 선택이 완료되면 마 우스 왼쪽 버튼을 놓아줍니다.

마우스 클릭한 채로
두 사람 주위로 드래그

**09** 추가로 제거하고자 하는 부분(오른쪽 두 명)이 선택된 상태에서 마우스 왼쪽 버튼을 클릭한 상태로 화면 바깥으로 걸치게 움직인 후 마우스 왼쪽 버튼을 놓아줍니다.

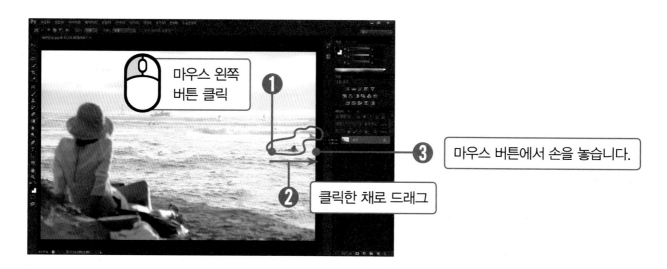

**10** [내용 인식 이동 도구]가 적용되어 추가로 선택한 부분(오른쪽 두 명)이 자연 스럽게 제거된 것을 확인해 볼 수 있습니다.

# 03 한 번에 여러 영역 제거하기 ❶

옵션 상자의 선택 영역에 추가 기능을 활용하여 서로 떨어져있는
사람들을 선택하여 한꺼번에 제거하여 보도록 하겠습니다.

**01** 서로 떨어져 있는 부분을 연속적으로 선택하기 위해 화면 상단의 옵션 상자
의 선택 영역에 추가를 클릭합니다.

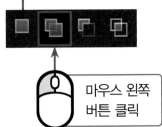

마우스 왼쪽
버튼 클릭

**02** 제거하고자 하는 부분(남은 사람들)을 선택하여 줍니다. 맨 왼쪽에 있는 사람을 왼쪽 버튼으로 클릭한 채로 화면 바깥으로 걸치게 이동한 후 버튼에서 손을 놓습니다.

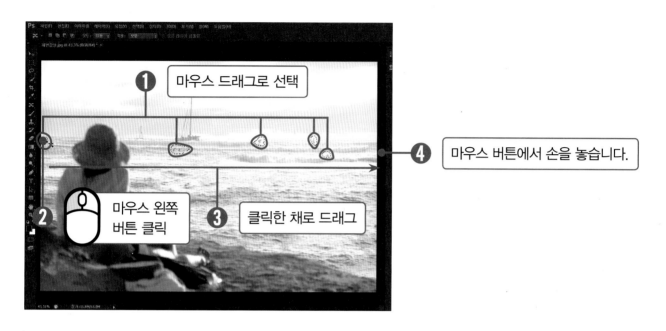

**03** 선택한 부분들이 제거되면 화면 상단의 [선택] 메뉴를 클릭하여 밑에 나오는 메뉴 중에서 [선택 해제]를 클릭하여 선택 영역을 해제합니다.

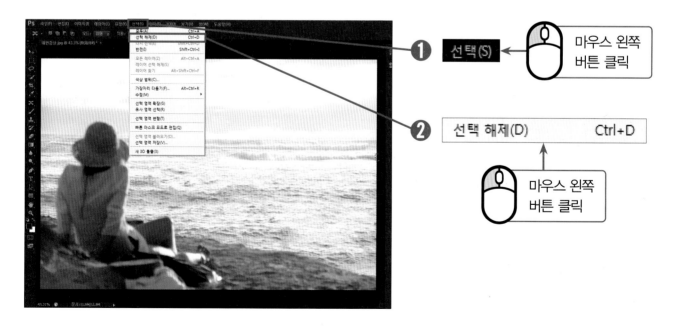

# 04 한 번에 여러 영역 제거하기 ❷

옵션 상자의 선택 영역에 추가 기능을 활용하여 서로 떨어져 있는 돛단배들을 선택하여 한꺼번에 제거하여 보도록 하겠습니다.

**01** 마우스 왼쪽 버튼을 클릭하여 제거하고자 하는 부분(돛단배들)을 선택하여 선택이 완료되면 마우스 왼쪽 버튼을 놓아줍니다.

마우스 드래그로 선택

**02** 제거하고자 하는 부분(돛단배들)이 선택된 상태로 마우스 왼쪽 버튼을 클릭하여 화면 바깥으로 이동 후 마우스 버튼을 놓아줍니다.

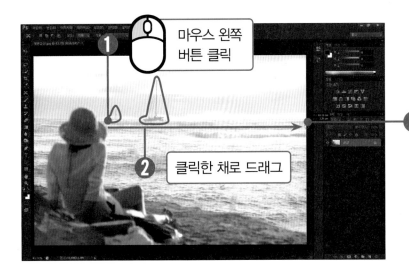

❶ 마우스 왼쪽 버튼 클릭

❷ 클릭한 채로 드래그

❸ 마우스 버튼에서 손을 놓습니다.

**03** 남은 영역(돛단배들)이 자연스럽게 제거되어 여자 뒷모습만 남은 것을 확인
해 볼 수 있습니다.

**04** 필요 없는 배경이 모두 제거되어 여자 뒷모습만 남으면 화면 상단의 [선택]
메뉴를 클릭하여 밑에 나오는 메뉴 중에서 [선택해제]를 클릭하여 남은 선택
영역을 해제합니다.

① 선택(S) ← 마우스 왼쪽 버튼 클릭

② 선택 해제(D)    Ctrl+D ← 마우스 왼쪽 버튼 클릭

한 번에 여러 영역 제거하기를 할 때 선택 해제를 해주지 않고 내용 인식 이동 도구를 사용하면 앞 단계에서 제거 후 선택한 부분이 계속 남게 되어 결과에 영향을 받아 다음과 같이 지저분하게 됩니다. 내용 인식 이동 도구 사용 후 추가로 떨어져 있는 부분들을 선택해 제거하고자 하는 경우 반드시 선택 해제를 해준 후 내용 인식 이동 도구를 사용하기 바랍니다.

# 제 14장

# 동안 얼굴 만들기

포토샵의 패치 도구와 스팟 복구 브러시 도구를 활용하여
눈가와 목의 주름을 제거하여 10년은 젊어진 동안 얼굴로
만들어 보도록 하겠습니다.

[ 작업 전 ]　　　　　　　　　　　　　　[ 작업 후 ]

🔒팁!　패치 도구(⬡)

패치 도구는 필요 없는 사물을 자연스럽게 제거하거나 인물의 주름이나 상처 등을 자연스럽게 다른 부분으로 대처하여 말끔한 얼굴을 만들고자 할 때 사용하는 도구로 제거 하고자 하는 부분을 선택 후 대처하고자 하는 곳으로 드래그해 주면 내용을 인식하여 자연스럽게 합성해 주는 도구입니다.

🔒팁!　스팟 복구 브러시 도구(🩹)

스팟 복구 브러시 도구는 주로 점, 검버섯 등 인물의 잡티나 주름 등을 자연스럽게 제거 하고자 할 때 사용하는 도구로 제거해 줄 부분을 클릭한 상태로 움직여 주면 자동으로 잡티나 주름 등을 자연스럽게 제거해 주는 도구입니다.

# 01 포토샵 실행하여 사진 불러오기

동안 얼굴을 만들기 위해 포토샵을 실행한 후 필요한 사진을
불러오는 작업을 해보도록 하겠습니다.

**01** 포토샵이 실행되면 화면 위쪽에 있는 [파일] 메뉴를 클릭하고 밑에 나오는
메뉴 중에서 [열기]를 클릭합니다.

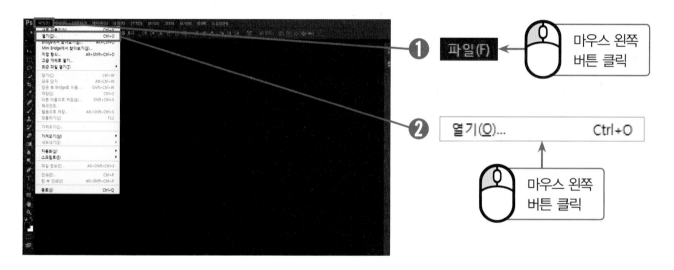

**02** [열기] 대화상자가 나오면 [바탕화면]을 클릭한 뒤 [어른들을 위한 가장 쉬운
포토샵]을 더블클릭합니다.

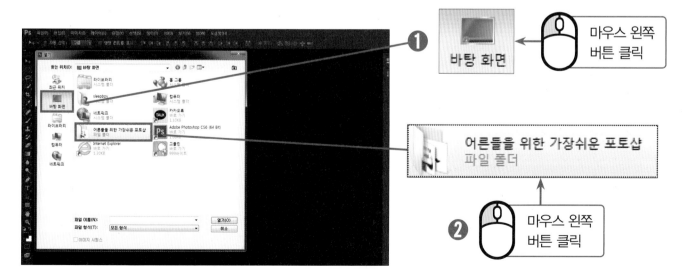

**03** '아기.jpg'를 선택 후 [열기]를 클릭하여 '아기' 사진을 열어줍니다.

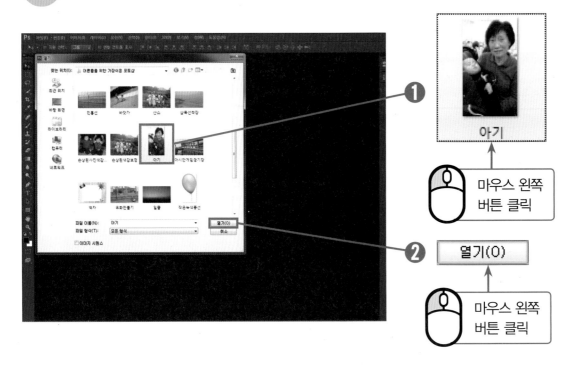

**04** '아기.jpg' 사진이 열리면 화면 상단의 [보기] 메뉴를 클릭하여 밑에 나오는
메뉴 중에서 [실제 픽셀]을 클릭하여 실제 사진 크기로 확대합니다.

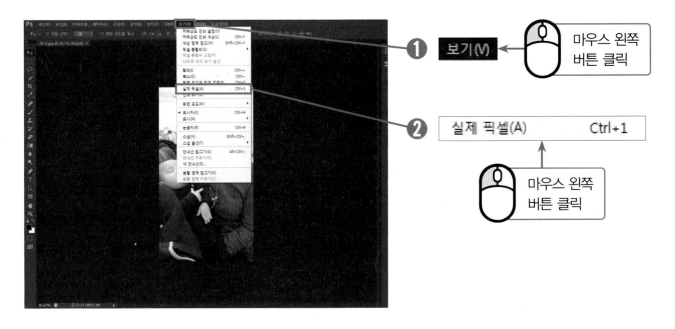

**05** 사진이 실제 크기로 확대되었습니다.

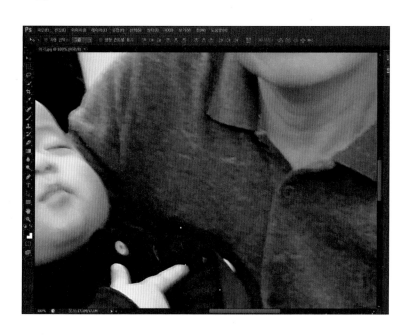

**06** 마우스 커서를 화면 오른쪽의 이동 막대로 이동한 후 마우스 왼쪽을 클릭한 상태로 화면 위쪽으로 움직여 얼굴이 보이게 해준 후 화면 하단의 이동막대로 이동하여 막대를 클릭한 상태로 오른쪽으로 살짝 움직여 다음과 같이 얼굴과 목이 보이게 합니다.

**1** 클릭한 채로 위로 움직입니다.

**2** 클릭한 채로 좌·우로 움직입니다.

# 02 아래 부분 목주름 제거하기

패치 도구를 활용하여 아래 부분의 목주름을 제거해 보도록 하겠습니다.

**01** 화면 왼쪽 도구상자의 [스팟 복구 브러시 도구]를 마우스 왼쪽 버튼을 클릭해 숨겨진 선택창이 나오면 [패치 도구]로 마우스 커서를 움직인 후 마우스 왼쪽 버튼을 놓습니다.

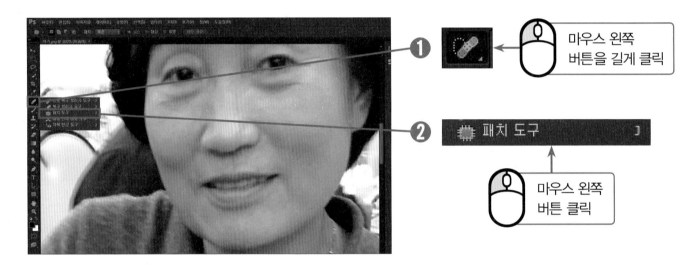

마우스 왼쪽
버튼을 길게 클릭

패치 도구

마우스 왼쪽
버튼 클릭

**02** 화면 상단의 옵션 상자의 [선택 영역에 추가]를 클릭합니다.

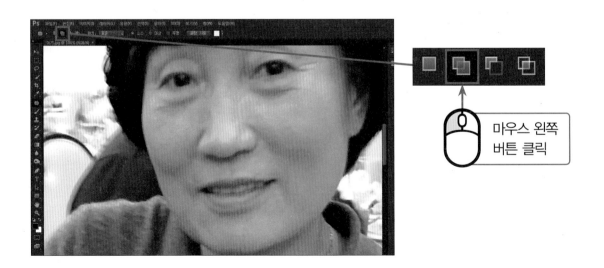

마우스 왼쪽
버튼 클릭

**03** 아랫부분의 목주름의 왼쪽 방향으로 마우스 왼쪽 버튼을 클릭한 상태로 움직여 주어 목주름의 선택이 완료되면 마우스 왼쪽 버튼을 놓아줍니다.

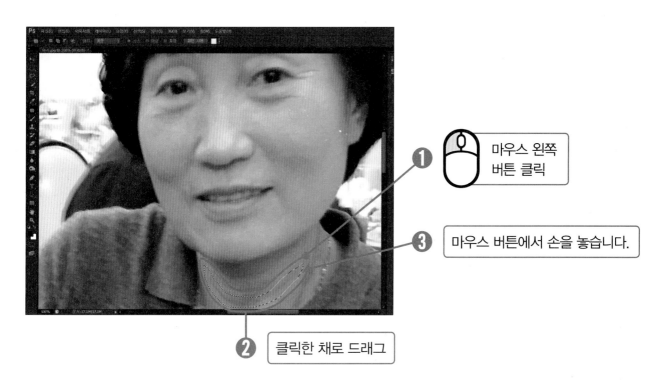

❶ 마우스 왼쪽 버튼 클릭

❸ 마우스 버튼에서 손을 놓습니다.

❷ 클릭한 채로 드래그

**04** 목주름 부분의 중간쯤에서 마우스 왼쪽 버튼을 클릭한 상태로 목 아래 방향으로 조금 움직여준 후 마우스 왼쪽 버튼을 놓아줍니다.

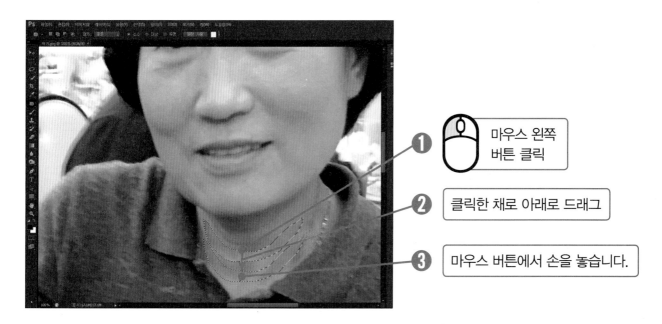

❶ 마우스 왼쪽 버튼 클릭

❷ 클릭한 채로 아래로 드래그

❸ 마우스 버튼에서 손을 놓습니다.

**05** [스팟 복구 브러시 도구]가 적용되어 주름이 개선되면 화면 상단의 [선택] 메뉴를 클릭하여 밑에 나오는 메뉴 중에서 [선택해제]를 클릭하여 선택 영역을 해제합니다.

**06** [스팟 복구 브러시 도구]가 적용되어 아랫부분의 목주름과 목 아랫부분이 합성되고 주름이 제거되었습니다.

# 03 윗부분 목주름 제거하기

패치 도구를 활용하여 윗부분의 목주름을 제거해 보도록 하겠습니다.

**01** 윗부분의 목주름 왼쪽 방향에서 마우스 왼쪽 버튼을 클릭한 상태로 움직여주어 윗부분의 목주름의 선택이 완료되면 마우스 왼쪽 버튼을 놓아줍니다.

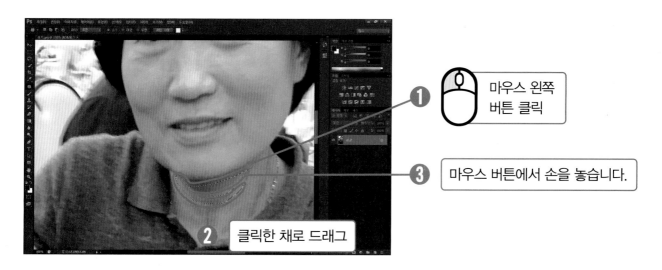

**1** 마우스 왼쪽 버튼 클릭

**3** 마우스 버튼에서 손을 놓습니다.

**2** 클릭한 채로 드래그

**02** 앞에서 선택한 목주름 부분의 중간쯤에서 마우스 왼쪽 버튼을 클릭한 상태로 목 아래 방향으로 조금 움직여준 후 마우스 왼쪽 버튼을 놓아 줍니다.

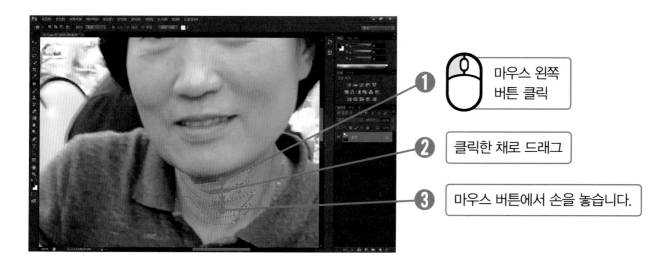

**1** 마우스 왼쪽 버튼 클릭

**2** 클릭한 채로 드래그

**3** 마우스 버튼에서 손을 놓습니다.

**03** [스팟 복구 브러시 도구]가 적용되어 주름이 개선되면 화면 상단의 [선택] 메뉴를 클릭하여 밑에 나오는 메뉴 중에서 [선택해제]를 클릭하여 선택영역을 해제합니다.

**04** [스팟 복구 브러시 도구]가 적용되어 윗부분의 목주름과 목 아래 피부 부분이 합성되어 주름이 제거되었습니다.

참고!

조금 더 자연스러운 합성을 위해 남은 부분의 주름을 앞의 방법을 반복하여 사용합니다.

# 04 왼쪽 상단 목주름 제거하기

왼쪽 상단의 목주름을 제거해 보도록 하겠습니다.

**01** 왼쪽 상단 목주름에서 마우스 왼쪽 버튼을 클릭한 상태로 움직여 주어 제거 하고자 하는 부분만큼 선택해 줍니다.

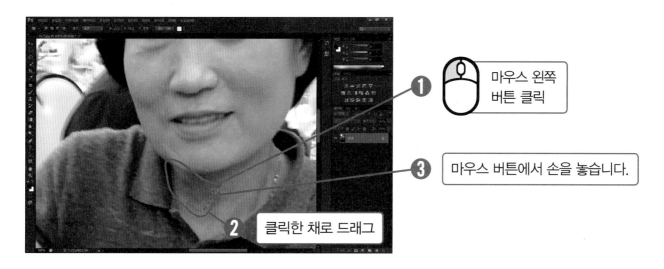

❶ 마우스 왼쪽 버튼 클릭

❸ 마우스 버튼에서 손을 놓습니다.

❷ 클릭한 채로 드래그

**02** 목주름 부분의 중간쯤에서 마우스 왼쪽 버튼을 클릭한 상태로 목 아래 방향 으로 조금 움직여준 후 마우스 왼쪽 버튼을 놓아줍니다.

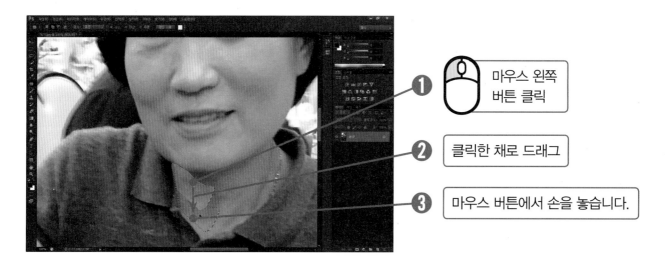

❶ 마우스 왼쪽 버튼 클릭

❷ 클릭한 채로 드래그

❸ 마우스 버튼에서 손을 놓습니다.

**03** 화면 상단의 [선택] 메뉴를 클릭하여 밑에 나오는 메뉴 중에서 [선택해제]를
클릭하여 선택 영역을 해제합니다.

**04** 목 부분의 주름들이 제거되어 한결 젊어 보이는 피부가 되었습니다.

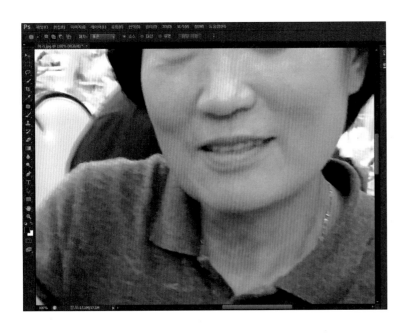

# 05 눈가 주름 제거하기

패치 도구를 활용하여 눈가 부분의 주름을 제거해 보도록 하
겠습니다.

**01** 마우스 커서를 화면 오른쪽의 이동 막대로 이동한 후 마우스 왼쪽을 클릭한
상태로 화면 위쪽으로 움직여 이목구비가 모두 보이게 합니다.

**①** 클릭한 채로 위로 움직입니다.

**②** 클릭한 채로 오른쪽으로 움직입니다.

**02** 눈 밑의 그늘 왼쪽 방향에서 마우스 왼쪽 버튼을 클릭한 상태로 움직여 주어
눈 밑 왼쪽 그늘의 선택이 완료되면 마우스 왼쪽 버튼을 놓아줍니다.

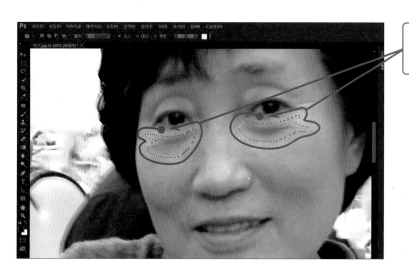

마우스 클릭한 채로
드래그해서 선택

**참고!**

오른쪽 눈 밑 그늘도 같은 방법으로
선택합니다.

**03** 앞에서 선택한 눈 밑 그늘 부분의 중간쯤에서 마우스 왼쪽 버튼을 클릭한 상태로 눈 아래방향으로 조금 움직여준 후 마우스 왼쪽 버튼을 놓아줍니다.

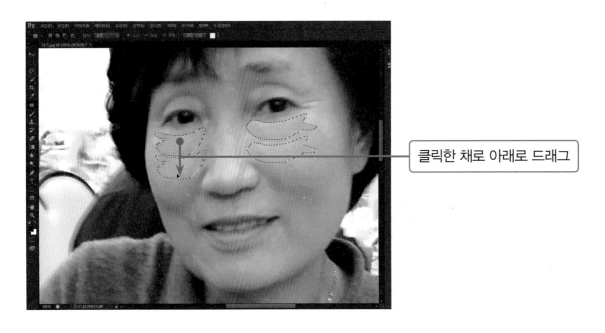

클릭한 채로 아래로 드래그

**04** 스팟 복구 브러시 도구가 적용되어 눈 밑 그늘이 제거되면 화면 상단의 [선택] 메뉴를 클릭하여 밑에 나오는 메뉴 중에서 [선택해제]를 클릭하여 선택 영역을 해제합니다.

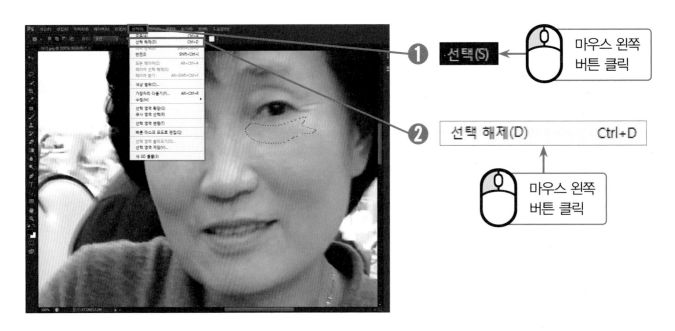

① 선택(S) ← 마우스 왼쪽 버튼 클릭

② 선택 해제(D)    Ctrl+D

마우스 왼쪽 버튼 클릭

눈 밑 그늘과 아래 피부 부분이 합성되어 눈 밑 그늘이 제거되었습니다.

06 눈가 주름의 왼쪽 방향에서 마우스 왼쪽 버튼을 클릭한 상태로 움직여 주어
눈가 주름의 선택이 완료되면 마우스 왼쪽 버튼을 놓아줍니다.

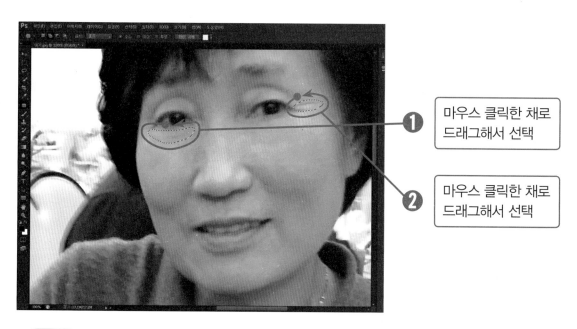

① 마우스 클릭한 채로
드래그해서 선택

② 마우스 클릭한 채로
드래그해서 선택

참고!

오른쪽 눈가 주름도 같은 방법으로 선택해 줍니다.

**07** 앞에서 선택한 눈가 주름 부분의 중간쯤에서 마우스 왼쪽 버튼을 클릭한 상
태로 목 아래 방향으로 조금 움직여준 후 마우스 왼쪽 버튼을 놓아 줍니다.

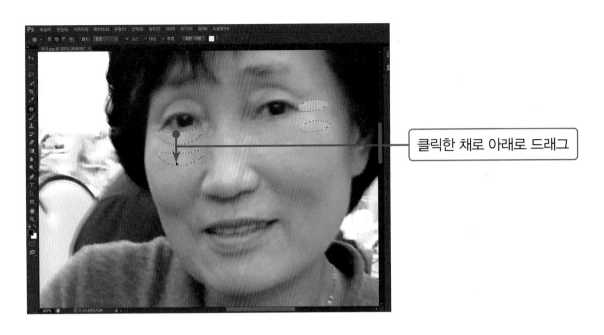

클릭한 채로 아래로 드래그

**08** 눈가주름이 개선되면 화면 상단의 [선택] 메뉴를 클릭하여 밑에 나오는 메뉴
중에서 [선택해제]를 클릭하여 선택영역을 해제시킵니다.

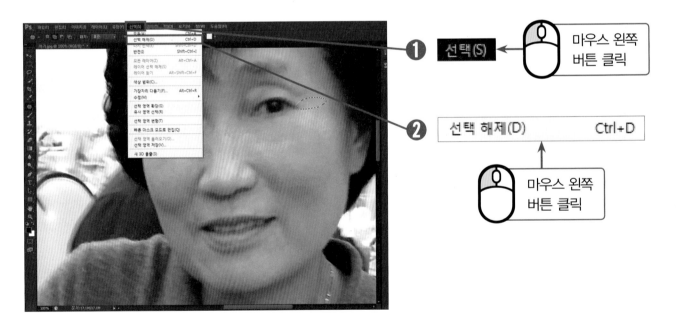

① 선택(S) ← 마우스 왼쪽
버튼 클릭

② 선택 해제(D)     Ctrl+D

마우스 왼쪽
버튼 클릭

 입가 주름 제거하기

스팟 복구 브러시 도구를 활용하여 입가 주름을 자연스럽게
제거해 보도록 하겠습니다.

01 눈가 주름이 제거되면 화면 왼쪽 도구상자의 [패치 도구]를 마우스 왼쪽 버튼을 클릭해 숨겨진 선택창이 나오면 [스팟 복구 브러시 도구]로 마우스 커서를 움직인 후 클릭해 주었던 마우스 왼쪽 버튼을 놓아줍니다.

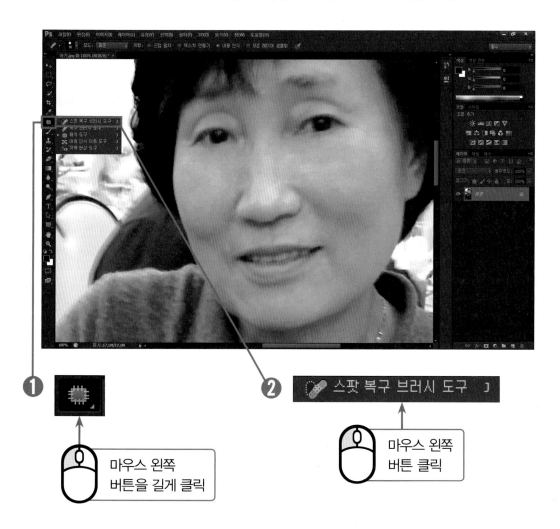

❶ 마우스 왼쪽
버튼을 길게 클릭

❷ 🩹 스팟 복구 브러시 도구 ⌐

마우스 왼쪽
버튼 클릭

**02** 스팟 복구 브러시 도구가 선택되면 오른쪽 입가 부분에서 마우스 왼쪽 버튼을 클릭한 상태로 움직여서 오른쪽 입가의 주름을 제거합니다.

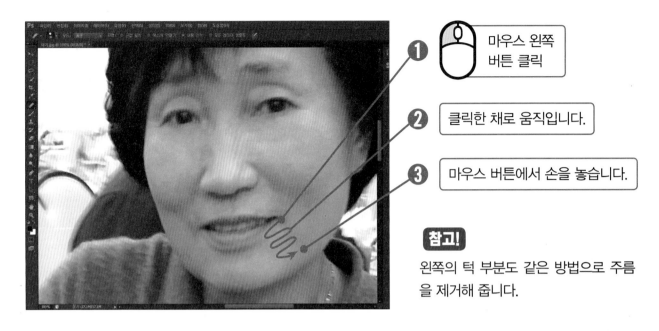

**①** 마우스 왼쪽 버튼 클릭

**②** 클릭한 채로 움직입니다.

**③** 마우스 버튼에서 손을 놓습니다.

참고!

왼쪽의 턱 부분도 같은 방법으로 주름을 제거해 줍니다.

**03** 왼쪽 입가 부분과 오른쪽 뺨, 눈 밑 부분 등 남은 부분들을 앞과 동일한 방법으로 [스팟 복구 브러시 도구]를 활용하여 자연스럽게 만들어줍니다.

# 제 15장

# 머리
# 염색하기

포토샵의 번 도구를 활용하여 머리카락과 눈썹을 진하고 풍성하게
만들어 한층 젊어 보이게 만들어 보겠습니다.

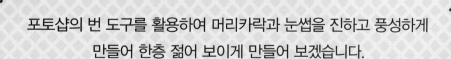

[ 작업 전 ]

[ 작업 후 ]

🔒팁!  번 도구( ◑ )

사진을 어둡게 해주는 도구로 인물이나 사물의 명암을 살려줄 때 주로 사용하는 도구
입니다. 인물 사진의 경우 머리카락, 턱, 코 등의 이목구비 부분을 문질러 주면 윤곽이
또렷하게 되어 훨씬 자연스러운 사진을 만들 수 있게 됩니다.

# 01 포토샵 실행하여 사진 불러오기

번 도구를 활용하여 머리를 염색하기 위해 포토샵을 실행한
후 사진을 불러오는 작업을 해보도록 하겠습니다.

**01** 포토샵이 실행되면 화면 위쪽에 있는 [파일] 메뉴를 클릭하고 밑에 나오는
메뉴 중에서 [열기]를 클릭합니다.

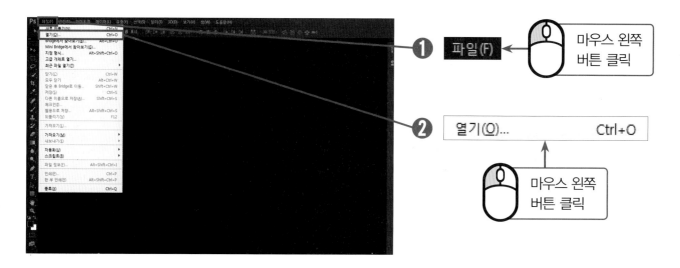

**02** 열기 대화상자가 나오면 [바탕화면]을 클릭한 뒤 [어른들을 위한 가장 쉬운
포토샵]을 더블클릭합니다.

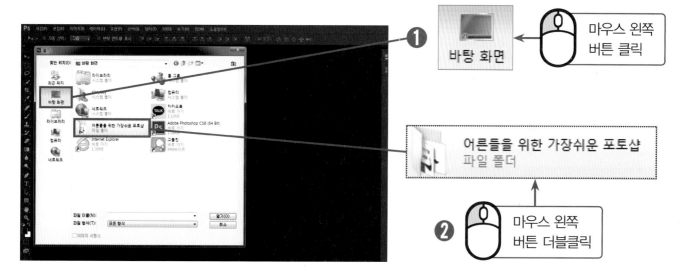

**03** '동안얼굴만들기.jpg'를 선택 후 [열기]를 클릭하여 '동안얼굴만들기' 사진을
열어줍니다.

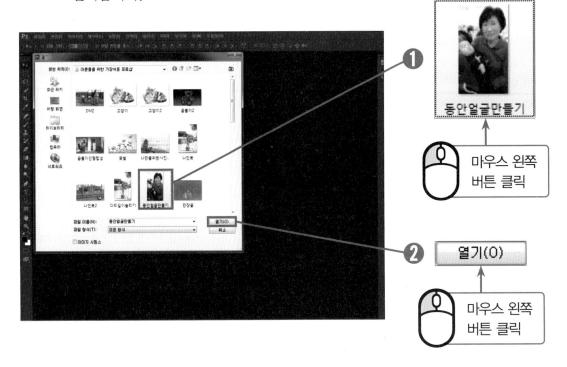

**04** 사진이 열리면 화면 상단의 [보기] 메뉴를 클릭하여 밑에 나오는 메뉴 중에
서 [실제 픽셀]을 클릭하여 실제 사진 크기로 확대합니다.

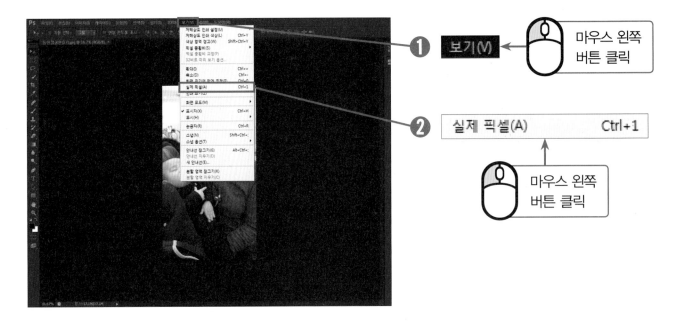

**05** 사진이 실제 크기로 확대되었습니다.

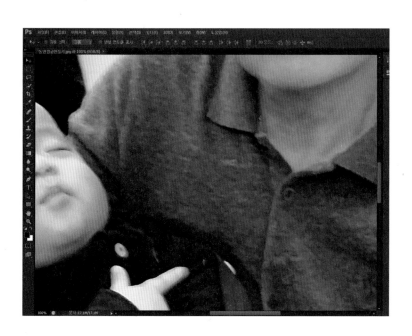

**06** 사진이 실제 크기로 확대되면 마우스 커서를 화면 오른쪽의 이동 막대로 이동한 후 마우스 왼쪽을 클릭한 상태로 화면 위쪽으로 움직여 머리 부분이 보이게 해준 후 화면 하단의 이동막대로 이동하여 막대를 클릭한 상태로 오른쪽으로 살짝 움직여 다음과 같이 머리와 눈이 보이게 합니다.

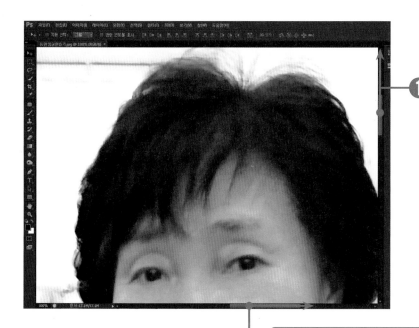

❶ 클릭한 채로 위로 움직입니다.

❷ 클릭한 채로 오른쪽으로 움직입니다.

# 02 양쪽 머리카락 염색하기

나이가 들어 옅어진 머리카락 색깔을 번 도구를 활용하여
진하게 만들어 보도록 하겠습니다.

**01** 화면 왼쪽 도구상자의 [닷지 도구]를 마우스 왼쪽 버튼을 길게 클릭해 숨겨
진 선택창이 나오면 [번 도구]를 클릭합니다.

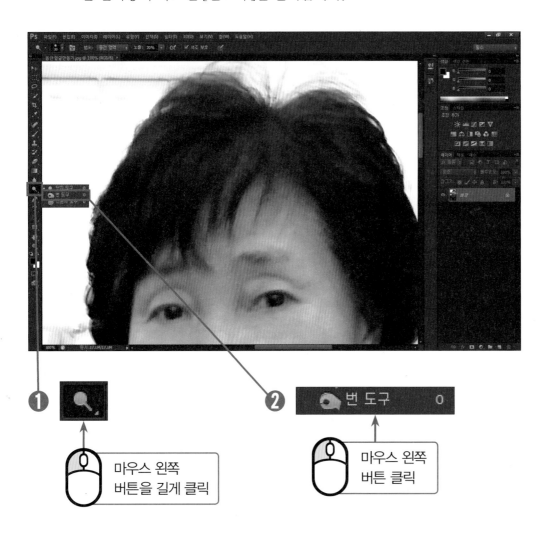

**①** 마우스 왼쪽
버튼을 길게 클릭

**②** 🐾 번 도구    0

마우스 왼쪽
버튼 클릭

**02** 화면 상단의 옵션 상자의 크기를 클릭하여 도구 상자가 나오면 모양은 '부드러운 원'을, 크기는 값 조절 막대를 움직여 60px로 조정합니다.

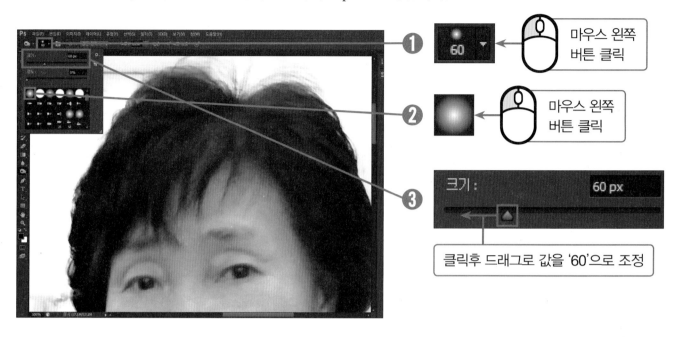

❶ 마우스 왼쪽 버튼 클릭

❷ 마우스 왼쪽 버튼 클릭

크기 : 60 px

❸ 클릭후 드래그로 값을 '60'으로 조정

**03** 번 도구의 모양과 크기가 조절되면 다시 화면 상단의 중앙의 노출 값을 클릭하여 조절 막대가 나오면 조절 막대를 움직여서 80%로 조정합니다.

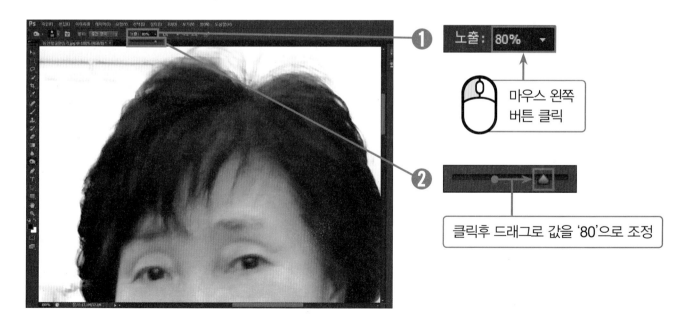

❶ 노출 : 80%

마우스 왼쪽 버튼 클릭

❷ 클릭후 드래그로 값을 '80'으로 조정

**04** 모양은 '부드러운 원', 크기 '60', 노출 '80%'의 번 도구가 준비되면 번 도구를 사용하여 정수리를 기준으로 머리카락 왼쪽 부분을 빗질하듯 여러 번에 걸쳐 문질러 줍니다.

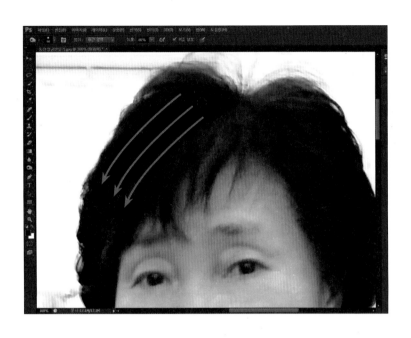

[ 작업 전 ]

[ 작업 후 ]

**05** 같은 방법으로 정수리를 기준으로 오른쪽도 빗질하듯 여러 번에 걸쳐 문질러 줍니다.

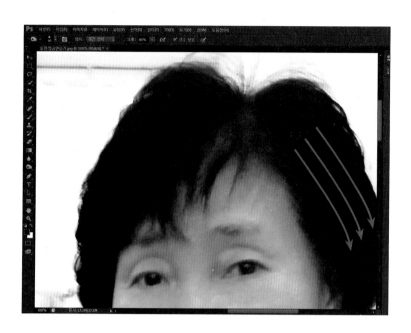

[ 작업 전 ]

[ 작업 후 ]

# 03 정수리 부분 염색하기

번 도구를 활용하여 정수리 부분을 염색하여 보도록 하겠습니다.

**01** 번 도구를 활용하여 양쪽 머리카락이 진해지면 화면 상단의 중앙의 노출을 값 조절 막대를 움직여 50%로 조정합니다.

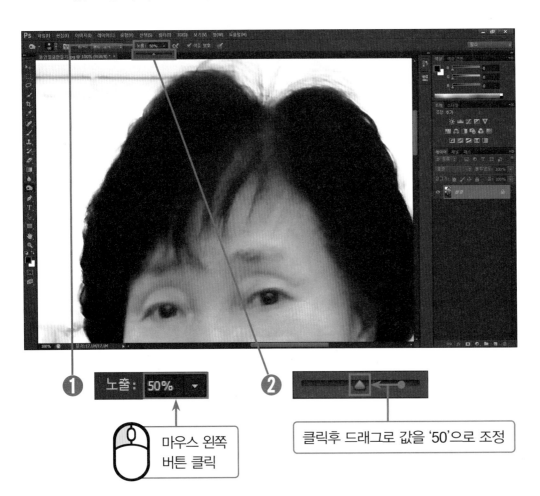

**①** 노출: 50% ▾ → 마우스 왼쪽 버튼 클릭

**②** □ ← 클릭후 드래그로 값을 '50'으로 조정

번 도구를 사용하여 정수리 부분을 빗질하듯 여러 번에 걸쳐 문질러 줍니다.

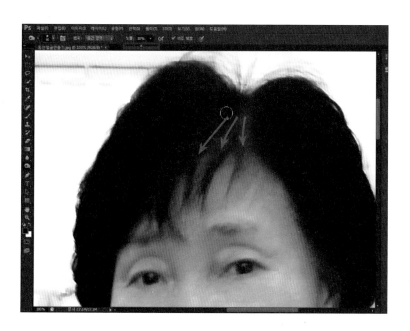

[ 작업 전 ]

[ 작업 후 ]

# 04 앞머리 염색하기

번 도구를 활용하여 앞머리를 염색해 보도록 하겠습니다.

**01** 화면 상단 옵션 상자의 크기를 클릭하여 도구 상자가 나오면 크기를 값 조절
막대를 움직여 20px로 조정합니다.

**①**

마우스 왼쪽
버튼 클릭

**②**

크기 :        20 px

클릭후 드래그로 값을 '20'으로 조정

**02** 번 도구의 크기가 조절되면 다시 화면 상단의 중앙의 노출을 값 조절 막대를
움직여 30%로 조정합니다.

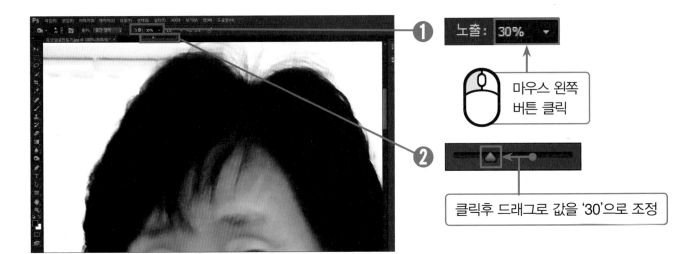

**①**

노출: 30%

마우스 왼쪽
버튼 클릭

**②**

클릭후 드래그로 값을 '30'으로 조정

**03** 크기 '20', 노출 '30%'의 번 도구가 준비되면 번 도구를 사용하여 정수리를
기준으로 앞머리 부분을 빗질하듯 여러 번에 걸쳐 문질러 줍니다.

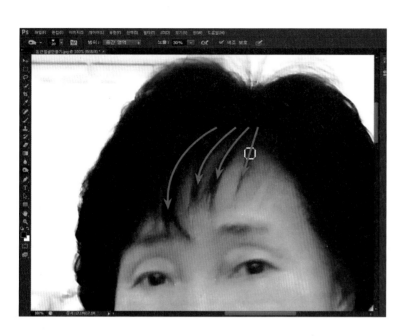

[ 작업 전 ]

[ 작업 후 ]

# 05 눈썹 진하게 만들기

번 도구를 활용하여 눈썹을 진하게 만들어 보도록 하겠습니다.

**01** 화면 상단 옵션 상자의 크기를 클릭하여 도구 상자가 나오면 크기를 값 조절
막대를 움직여 30px로 조정합니다.

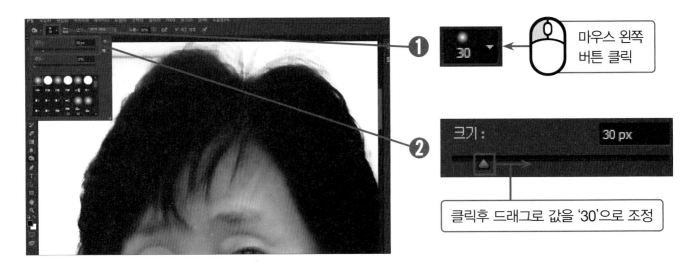

❶ 마우스 왼쪽 버튼 클릭

크기 : 30 px
클릭후 드래그로 값을 '30'으로 조정

**02** 번 도구의 크기가 조절되면 다시 화면 상단의 중앙의 노출을 값 조절 막대를
움직여 20%로 조정 후 에어브러시를 클릭합니다.

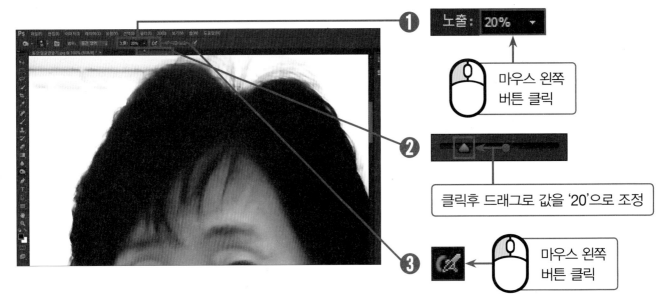

❶ 노출 : 20%
마우스 왼쪽 버튼 클릭
클릭후 드래그로 값을 '20'으로 조정
❸ 마우스 왼쪽 버튼 클릭

**03** 크기 '30', 노출 '20%'의 번 도구가 준비되면 번 도구를 사용하여 눈썹 부분
을 여러 번에 걸쳐 문질러 줍니다.

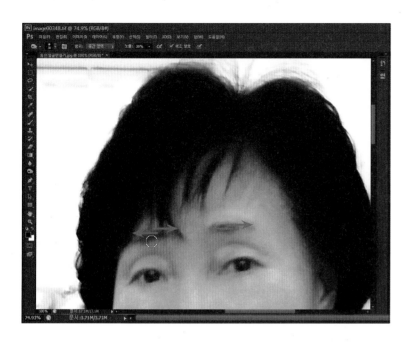

[ 작업 전 ]

[ 작업 후 ]

# 06 완성된 사진 저장하기

지금까지 작업한 사진을 저장해 보겠습니다.

**01** 모든 작업이 완료되면 내용을 저장하기 위해 화면 위쪽에 있는 [파일] 메뉴를 클릭하고 밑에 나오는 메뉴 중에서 [다른 이름으로 저장]을 클릭합니다.

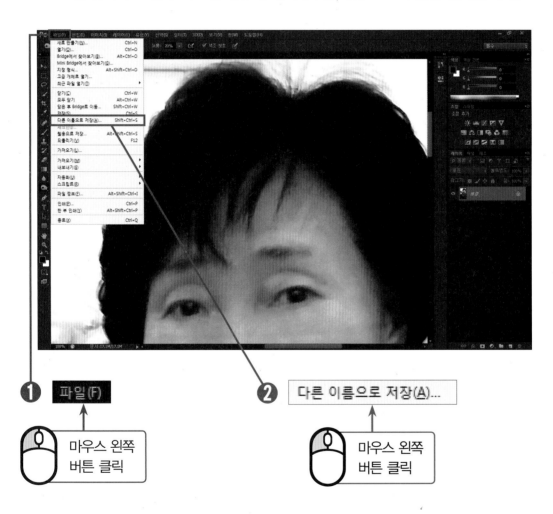

❶ 파일(F)

마우스 왼쪽
버튼 클릭

❷ 다른 이름으로 저장(A)...

마우스 왼쪽
버튼 클릭

**02** [다른 이름으로 저장] 대화상자가 나오면 각자 저장을 원하는 폴더를 지정합
니다. 예제에서는 바탕화면에 있는 [어른들을 위한 가장 쉬운 포토샵] 폴더
를 선택했습니다.

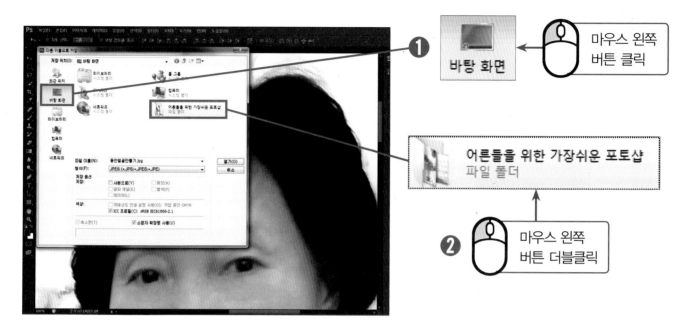

**03** 각자 원하는 파일 이름을 입력하고 [저장]을 클릭합니다.

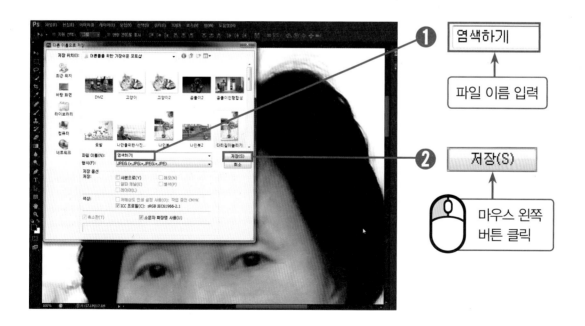

**04** [JPEG 옵션] 대화상자가 나오면 품질 선택 막대기를 마우스 왼쪽 버튼을 클
릭해 움직여서 8로 조정해 준 후 [확인]을 클릭합니다.

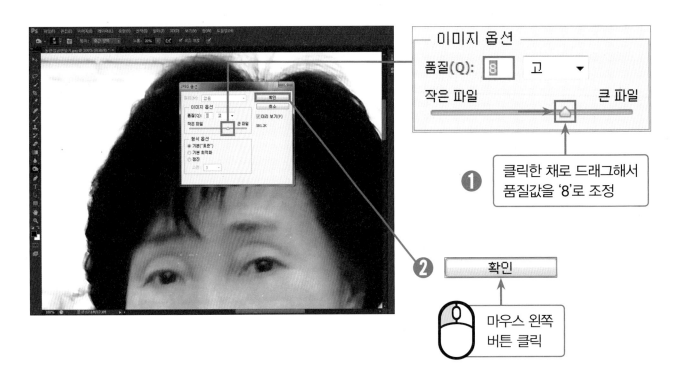

**이미지 옵션**

품질(Q): 8   고   ▼

작은 파일                               큰 파일

❶ 클릭한 채로 드래그해서
품질값을 '8'로 조정

❷ 확인

마우스 왼쪽
버튼 클릭

# 제 16장

# 풍선타고 하늘을 날아요

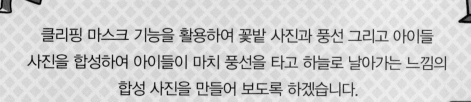

클리핑 마스크 기능을 활용하여 꽃밭 사진과 풍선 그리고 아이들
사진을 합성하여 아이들이 마치 풍선을 타고 하늘로 날아가는 느낌의
합성 사진을 만들어 보도록 하겠습니다.

# 01 포토샵 실행하여 사진 불러오기

풍선과 사람을 합성하기 위해 포토샵을 실행한 후 바탕이 되는 꽃밭 사진을 불러오는 작업을 해보도록 하겠습니다.

**01** 포토샵이 실행되면 화면 위쪽에 있는 [파일] 메뉴를 클릭하고 밑에 나오는 메뉴 중에서 [열기]를 클릭합니다.

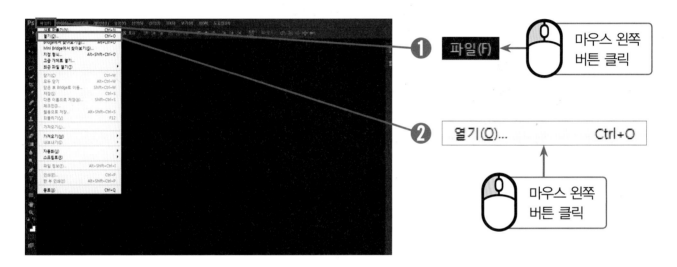

**02** 열기 대화상자가 나오면 [바탕화면]을 클릭한 뒤 [어른들을 위한 가장 쉬운 포토샵]을 더블클릭합니다.

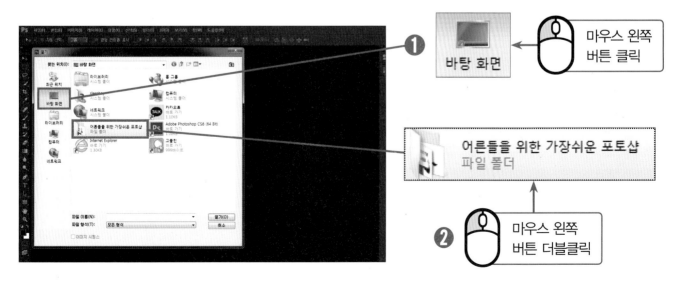

**03** '꽃밭.jpg'를 선택 후 [열기]를 클릭하여 '꽃밭' 사진을 열어줍니다.

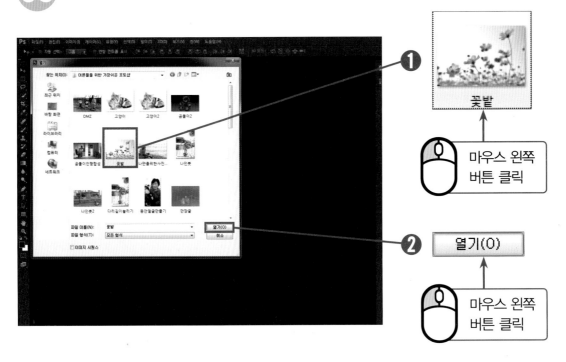

**04** 사진이 열린 후 [보기] 메뉴를 클릭하면 밑에 나오는 메뉴 중에서 [화면 크기에 맞게 조정]을 클릭하여 사진의 비율을 모니터 화면에 알맞게 조정해 줍니다.

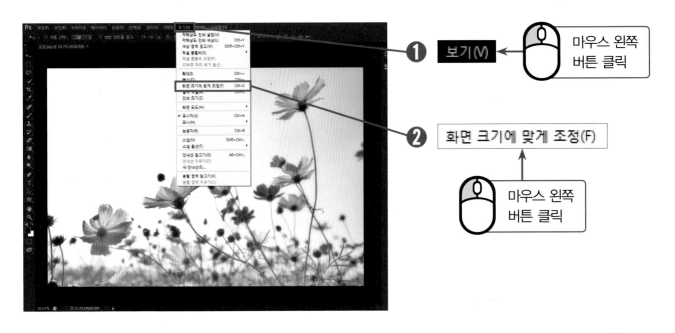

# 02 빨강 풍선 복제하기

빨강 풍선을 합성하기 위해 레이어를 복제하는 작업을 해보
도록 하겠습니다.

**01** 화면 상단의 [파일] 메뉴를 클릭하고 밑에 나오는 메뉴 중에서 [열기]를 클릭
하여 [열기] 대화상자가 나오면 '큰빨강풍선.png'를 선택 후 [열기]를 클릭하
여 '큰빨강풍선' 사진을 열어줍니다.

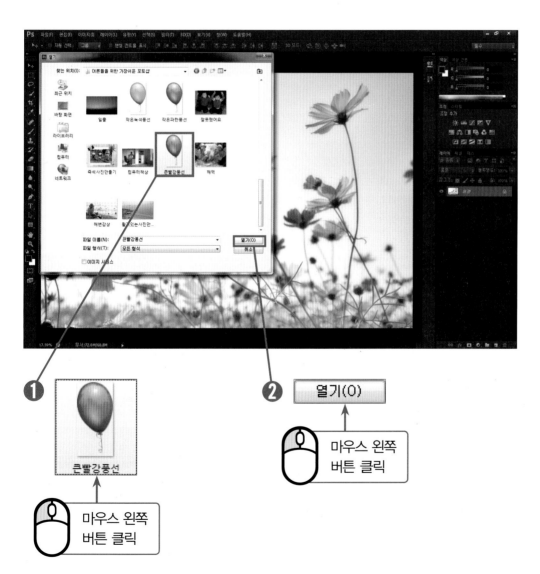

① 큰빨강풍선

마우스 왼쪽
버튼 클릭

② 열기(O)

마우스 왼쪽
버튼 클릭

**02** '큰빨강풍선' 사진이 열리면 화면 상단의 [레이어] 메뉴를 클릭하여 밑에 나오는 메뉴 중에서 [레이어 복제]를 클릭해 줍니다.

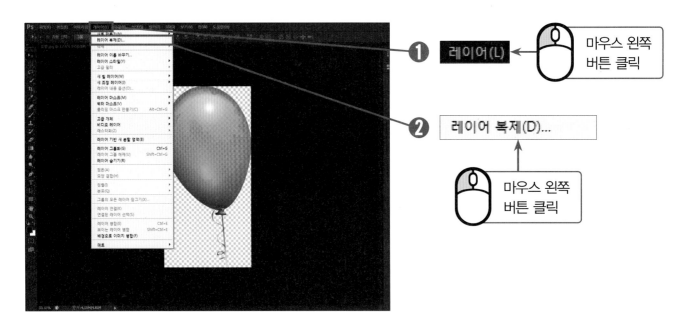

**03** 레이어 복제 창이 뜨면 대상 문서의 '큰빨강풍선.png'를 클릭해서 목록이 나오게 합니다.

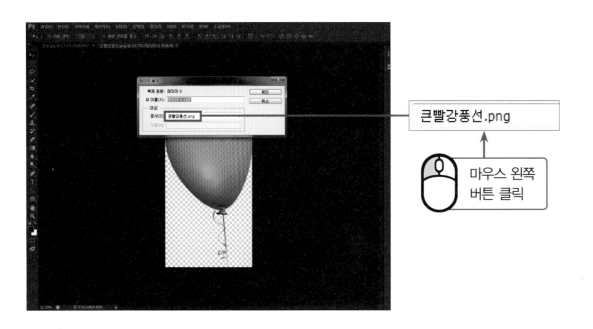

**04** 대상 문서 목록이 나오면 이 중 '꽃밭.jpg'를 선택해 준 후 [확인]을 클릭해 레이어 복제를 합니다.

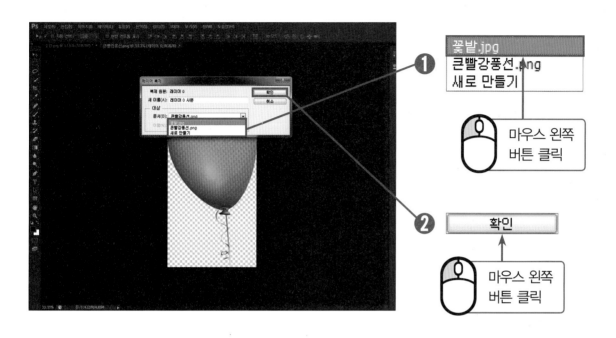

꽃밭.jpg
큰빨강풍선.png
새로 만들기

마우스 왼쪽
버튼 클릭

확인

마우스 왼쪽
버튼 클릭

**05** '꽃밭.jpg' 창의 이름을 클릭하여 '큰빨강풍선.png' 창에서 '꽃밭.jpg' 창으로 이동합니다.

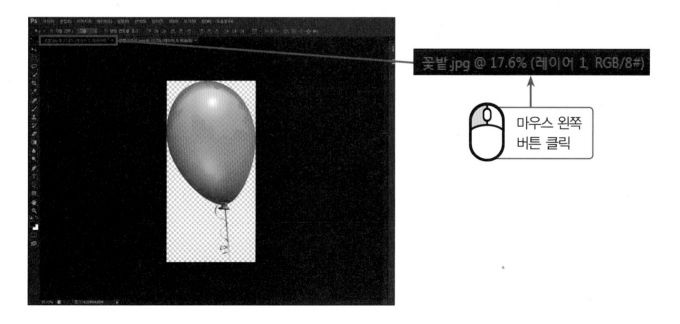

꽃밭.jpg @ 17.6% (레이어 1, RGB/8#)

마우스 왼쪽
버튼 클릭

**06** '꽃밭.jpg' 창으로 화면이 바뀌면 화면 왼쪽의 도구 상자 중 이동 도구를 클릭하여 이동 도구를 활성화합니다. 빨강 풍선을 마우스로 클릭한 채로 움직이다가 적당한 위치에서 왼쪽 버튼을 놓아줍니다.

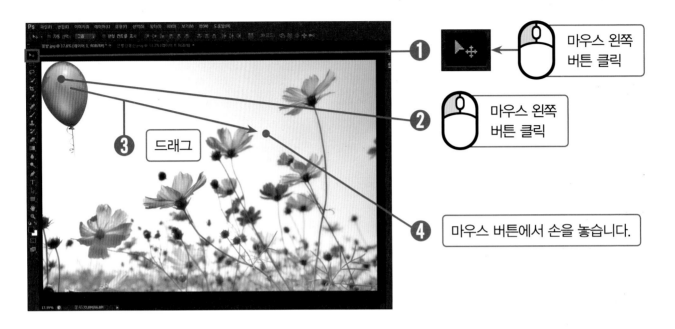

**07** 다음과 같은 결과 화면이 나타납니다.

# 03 빨강 풍선에 딱 맞게 사진 넣기

클리핑 마스크 기능을 활용하여 빨강 풍선 속에 사진을 딱 맞게 넣어 보도록 하겠습니다.

**01** 화면 상단의 [파일] 메뉴를 클릭하고 밑에 나오는 메뉴 중에서 [열기]를 클릭하여 [열기] 대화상자가 나오면 '해먹.jpg'를 선택 후 [열기]를 클릭하여 '해먹' 사진을 열어줍니다.

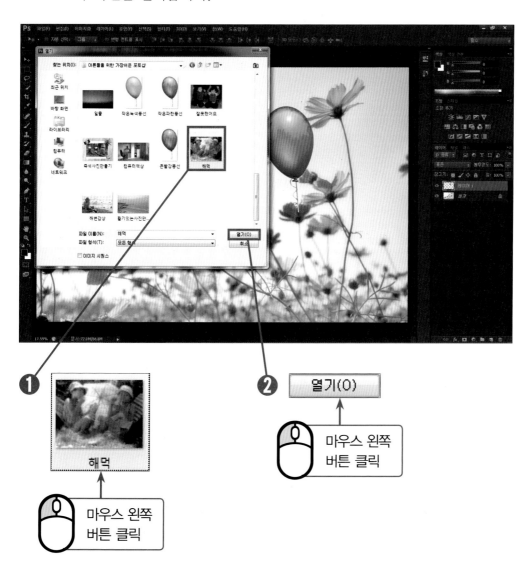

① 마우스 왼쪽 버튼 클릭

② 열기(O)
마우스 왼쪽 버튼 클릭

**02** '해먹.jpg' 사진이 열리면 화면 상단의 [레이어] 메뉴를 클릭하여 밑에 나오
는 메뉴 중에서 [레이어 복제]를 클릭합니다.

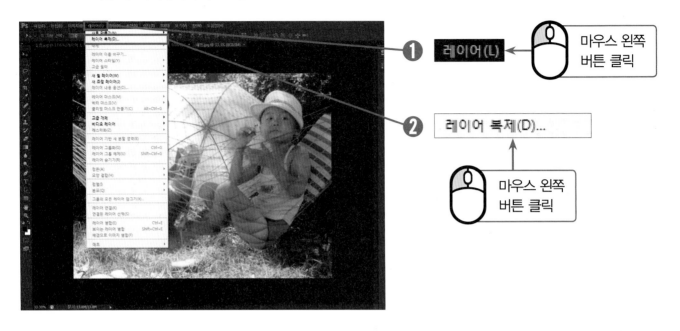

**03** 레이어 복제 창이 뜨면 대상 문서의 '해먹.jpg'를 클릭해서 목록이 나오게 합
니다.

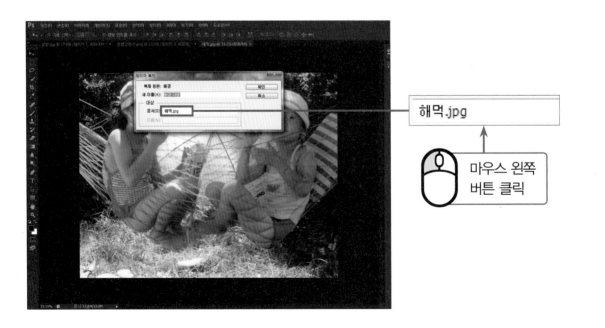

**04** 대상 문서 목록이 나오면 '꽃밭.jpg'를 선택해 준 후 [확인]을 클릭해 레이어
복제를 합니다.

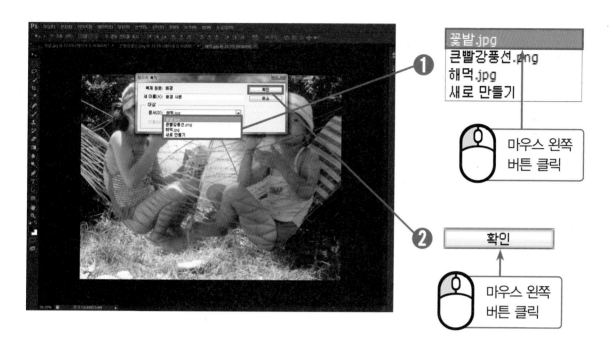

꽃밭.jpg
큰빨강풍선.png
해먹.jpg
새로 만들기

마우스 왼쪽
버튼 클릭

확인

마우스 왼쪽
버튼 클릭

**05** '꽃밭.jpg' 창의 이름을 클릭하여 '꽃밭.jpg' 창으로 이동합니다.

꽃밭.jpg @ 17.6% (배경 사본, RGB/8#)

마우스 왼쪽
버튼 클릭

**06** '꽃밭.jpg' 창으로 화면이 바뀌면 화면 왼쪽의 도구 상자 중 [이동 도구]를 클릭하여 이동 도구를 활성화합니다.

마우스 왼쪽
버튼 클릭

**07** '아이사진'을 마우스로 클릭한 채로 움직이다가 큰빨강풍선 위치에서 왼쪽 버튼을 놓아줍니다.

드래그 ❷

❸ 마우스 버튼에서 손을 놓습니다.

❶ 마우스 왼쪽
버튼 클릭

**08** 여자아이가 큰빨강풍선으로 이동되면 화면 상단의 [레이어] 메뉴를 클릭하여 밑에 나오는 메뉴 중에서 [클리핑 마스크 만들기]를 클릭하여 클리핑 마스크를 적용합니다.

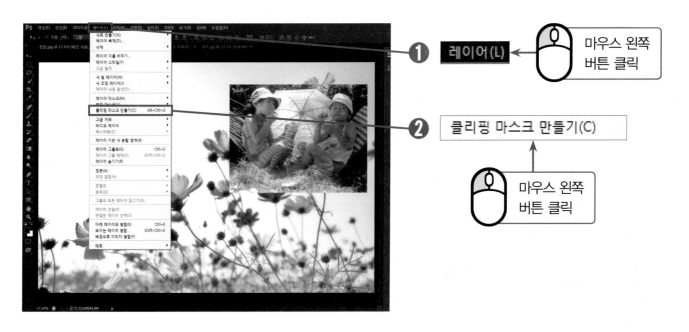

**①** 레이어(L) ← 마우스 왼쪽 버튼 클릭

**②** 클리핑 마스크 만들기(C) ← 마우스 왼쪽 버튼 클릭

**09** 클리핑 마스크가 적용되어 여자아이가 큰빨강풍선 안으로 알맞게 들어간 것을 확인해 볼 수 있습니다. 풍선 안으로 여자아이 얼굴이 정확히 들어가지 않았으면 여자아이 사진을 클릭한 채로 움직여서 위치를 조정합니다.

# 04 녹색 풍선 복제하기

녹색 풍선을 합성하기 위해 레이어를 복제하는 작업을 해보
도록 하겠습니다.

**01** [파일] 메뉴를 클릭하고 밑에 나오는 메뉴 중에서 [열기]를 클릭하여 [열기]
대화상자가 나오면 '작은녹색풍선.png'를 선택 후 [열기]를 클릭합니다.

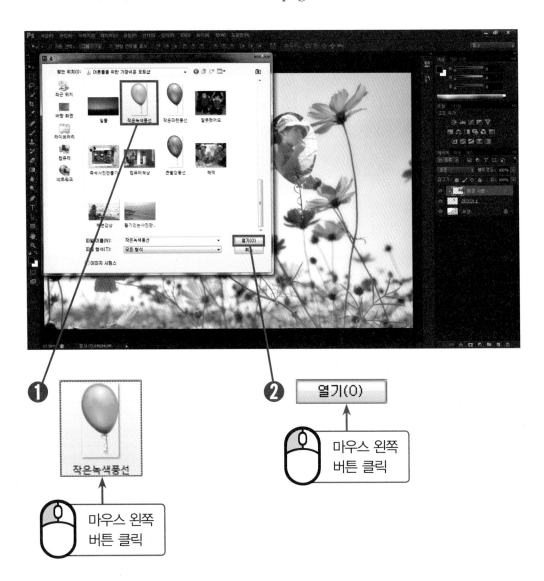

**❶** 작은녹색풍선

마우스 왼쪽
버튼 클릭

**❷** 열기(O)

마우스 왼쪽
버튼 클릭

**02** '작은녹색풍선' 사진이 열리면 화면 상단의 [레이어] 메뉴를 클릭하여 밑에
나오는 메뉴 중에서 [레이어 복제]를 클릭합니다.

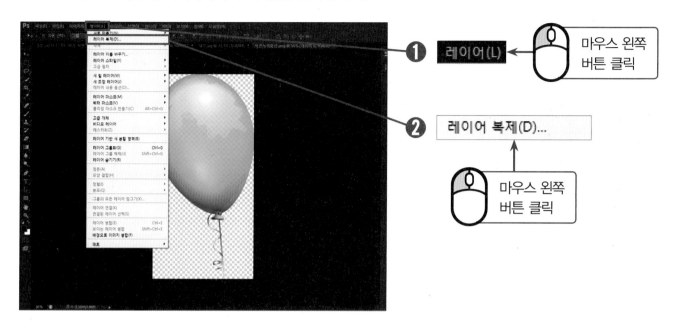

❶ 레이어(L) ← 마우스 왼쪽
버튼 클릭

❷ 레이어 복제(D)...
마우스 왼쪽
버튼 클릭

**03** 레이어 복제 창이 뜨면 대상 문서의 '작은녹색풍선.png'를 클릭하여 목록이
나오게 합니다.

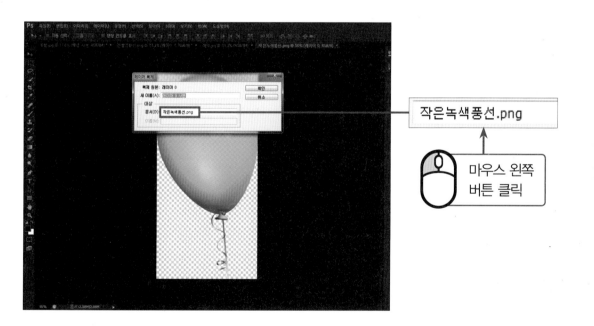

작은녹색풍선.png
마우스 왼쪽
버튼 클릭

04 대상 문서 목록이 나오면 '꽃밭.jpg'를 선택해 준 후 [확인]을 클릭해 레이어 복제를 합니다.

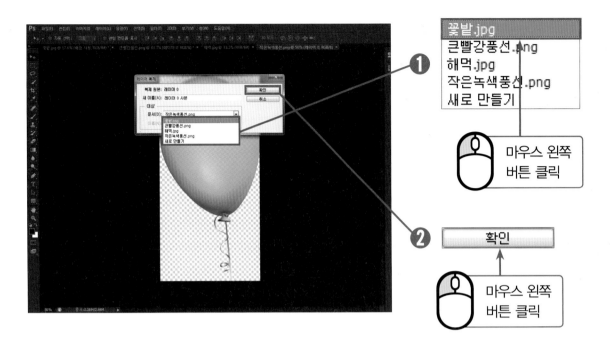

꽃밭.jpg
큰빨강풍선.png
해먹.jpg
작은녹색풍선.png
새로 만들기

마우스 왼쪽
버튼 클릭

확인

마우스 왼쪽
버튼 클릭

05 '꽃밭.jpg' 창의 이름을 클릭하여 '꽃밭.jpg' 창으로 이동합니다.

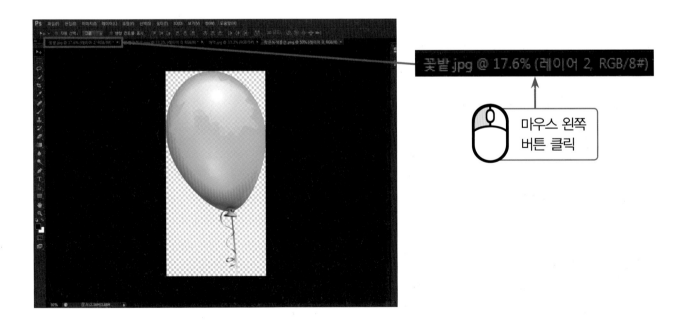

꽃밭.jpg @ 17.6% (레이어 2, RGB/8#)

마우스 왼쪽
버튼 클릭

**06** 화면이 바뀌면 화면 왼쪽의 도구 상자 중 [이동 도구]를 클릭하여 이동 도구
를 활성화합니다.

마우스 왼쪽
버튼 클릭

**07** [이동 도구]가 활성화되면 녹색 풍선으로 마우스 커서를 이동해 놓은 뒤 마
우스 왼쪽 버튼을 클릭하여 선택 된 상태로 움직이다 적당한 위치에서 왼쪽
버튼을 놓아줍니다.

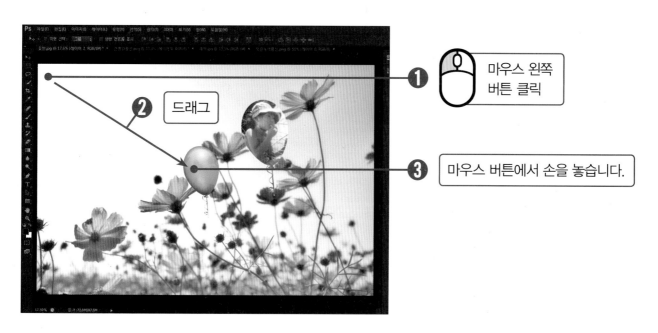

❶ 마우스 왼쪽
버튼 클릭

❷ 드래그

❸ 마우스 버튼에서 손을 놓습니다.

# 05 녹색 풍선에 딱 맞게 사진 넣기

클리핑 마스크 기능을 활용하여 녹색 풍선 속에 사진을 딱 맞게 넣어 보도록 하겠습니다.

**01** 화면 상단에서 '해먹.jpg' 창 이름을 클릭합니다.

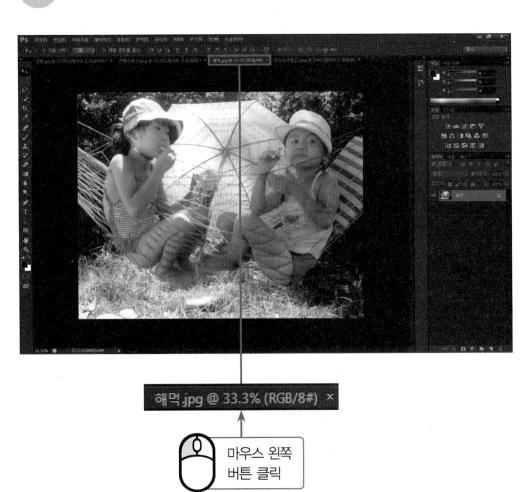

해먹.jpg @ 33.3% (RGB/8#) ×

마우스 왼쪽
버튼 클릭

**02** '해먹.jpg' 사진이 열리면 화면 상단의 [레이어] 메뉴를 클릭하여 밑에 나오
는 메뉴 중에서 [레이어 복제]를 클릭합니다.

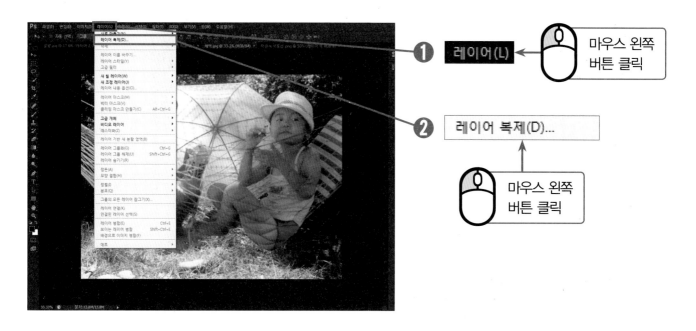

**03** 레이어 복제 창이 뜨면 대상 문서의 '해먹.jpg'를 클릭해서 목록이 나오게 합
니다.

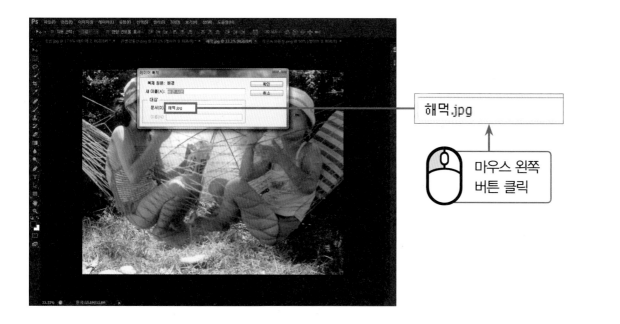

**04** 대상 문서 목록이 나오면 '꽃밭.jpg'를 선택한 후 [확인]을 클릭해 레이어 복제를 합니다.

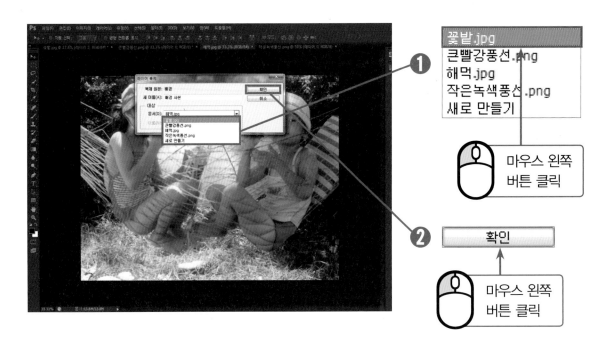

**05** '꽃밭.jpg' 창의 이름을 클릭하여 '꽃밭.jpg'창으로 이동합니다.

**06** 화면이 바뀌면 화면 왼쪽의 도구 상자 중 [이동 도구]를 클릭하여 [이동 도구]를 활성화합니다.

마우스 왼쪽
버튼 클릭

**07** [이동 도구]가 활성화되면 남자 아이 얼굴을 마우스 왼쪽 버튼으로 클릭한 채로 움직여서 녹색 풍선 위치에서 왼쪽 버튼을 놓아줍니다.

남자 아이 얼굴을 마우스 왼쪽 버튼으로 클릭한 채로 녹색 풍선 위치로 이동합니다.

**08** 남자 아이 얼굴이 녹색 풍선으로 이동되면 화면 상단의 [레이어] 메뉴를 클릭하여 밑에 나오는 메뉴 중에서 [클리핑 마스크 만들기]를 클릭하여 클리핑 마스크를 적용합니다.

**09** 클리핑 마스크가 적용되어 남자 아이가 녹색 풍선 안으로 알맞게 들어간 것을 확인해 볼 수 있습니다.

# 06 파랑 풍선 복제하기

파란색 풍선을 합성하기 위해 레이어를 복제하는 작업을 해 보도록 하겠습니다.

**01** 화면 상단의 [파일] 메뉴를 클릭하고 밑에 나오는 메뉴 중에서 [열기]를 클릭하여 열기 대화상자가 나오면 '작은파란풍선.png'를 선택 후 [열기]를 클릭하여 '작은파란풍선' 사진을 열어줍니다.

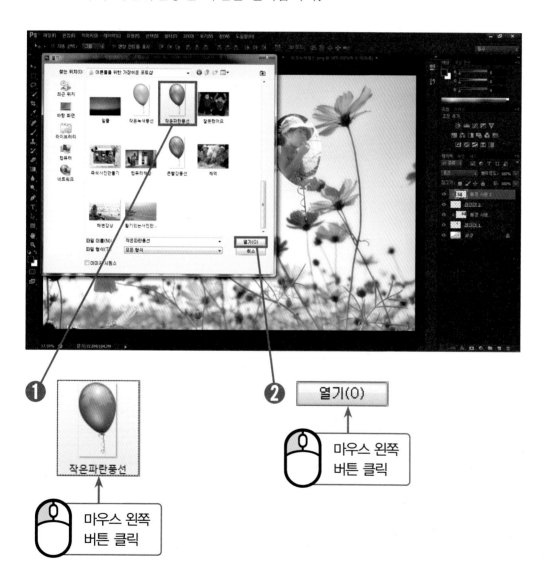

**02** '작은파란풍선' 사진이 열리면 화면 상단의 [레이어] 메뉴를 클릭하여 밑에
나오는 메뉴 중에서 [레이어 복제]를 클릭해 줍니다.

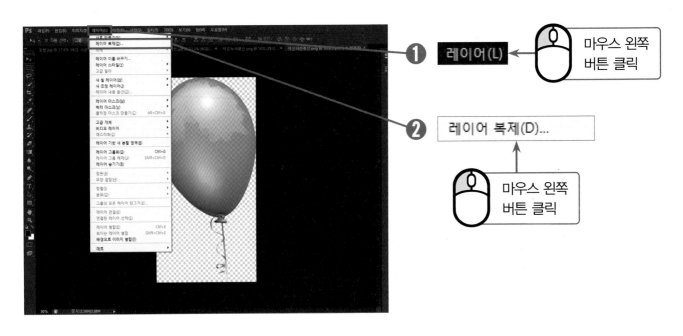

레이어(L)

마우스 왼쪽
버튼 클릭

레이어 복제(D)...

마우스 왼쪽
버튼 클릭

**03** 레이어 복제 창이 뜨면 대상 문서의 '작은파란풍선.png'를 클릭해서 목록이
나오게 합니다.

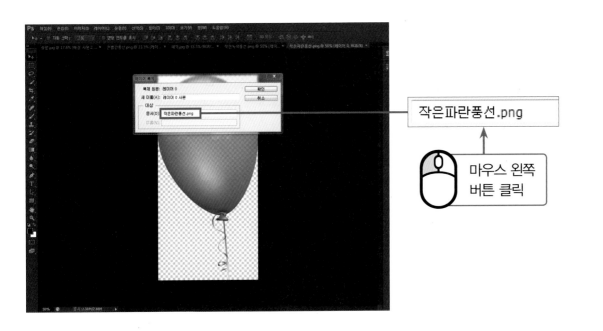

작은파란풍선.png

마우스 왼쪽
버튼 클릭

**04** 대상 문서 목록이 나오면 '꽃밭.jpg'를 선택해 준 후 [확인]을 클릭해 레이어
복제를 합니다.

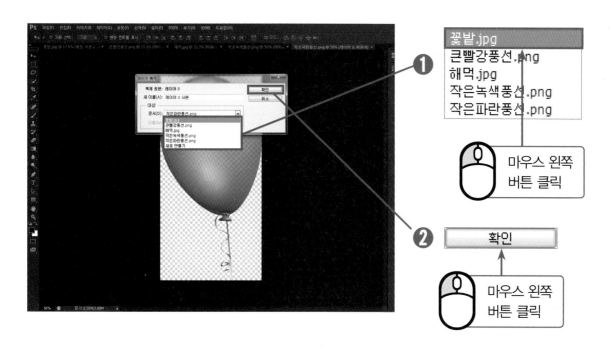

**05** '꽃밭.jpg' 창의 이름을 클릭하여 '꽃밭.jpg' 창으로 이동합니다.

**06** 화면이 바뀌면 화면 왼쪽의 도구 상자 중 [이동 도구]를 클릭하여 [이동 도구]를 활성화합니다.

마우스 왼쪽
버튼 클릭

**07** 파랑 풍선을 마우스로 클릭한 채로 움직이다가 적당한 위치에서 왼쪽 버튼을 놓아줍니다.

① 마우스 왼쪽
버튼 클릭

② 드래그

③ 마우스 버튼에서 손을 놓습니다.

# 07 파랑 풍선에 딱 맞게 사진 넣기

클리핑 마스크 기능을 활용하여 파랑 풍선 속에 사진을
딱 맞게 넣어 보도록 하겠습니다.

**01** 화면 상단의 [파일] 메뉴를 클릭하고 밑에 나오는 메뉴 중에서 [열기]를 클릭
하여 [열기] 대화상자가 나오면 '바닷가.jpg'를 선택한 후 [열기]를 클릭하여
'바닷가' 사진을 열어줍니다.

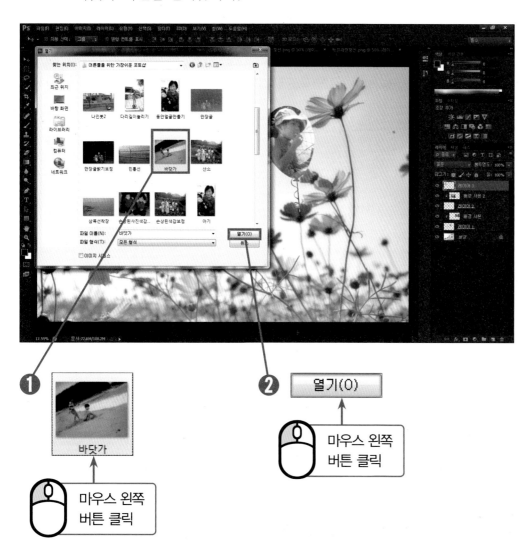

① 바닷가
마우스 왼쪽
버튼 클릭

② 열기(O)
마우스 왼쪽
버튼 클릭

02 '바닷가.jpg' 사진이 열리면 화면 상단의 [레이어] 메뉴를 클릭하여 밑에 나
오는 메뉴 중에서 [레이어 복제]를 클릭합니다.

**❶ 레이어(L)** ← 마우스 왼쪽
버튼 클릭

**❷ 레이어 복제(D)...** ← 마우스 왼쪽
버튼 클릭

03 레이어 복제 창이 뜨면 대상 문서의 '바닷가.jpg'를 클릭해서 목록이 나오게
합니다.

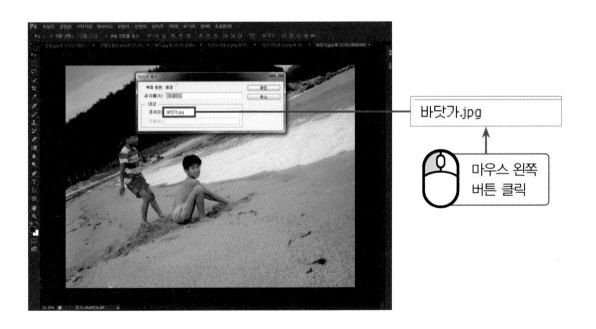

**바닷가.jpg** ← 마우스 왼쪽
버튼 클릭

**04** 대상 문서 목록이 나오면 '꽃밭.jpg'를 선택해 준 후 [확인]을 클릭해 레이어
복제를 합니다.

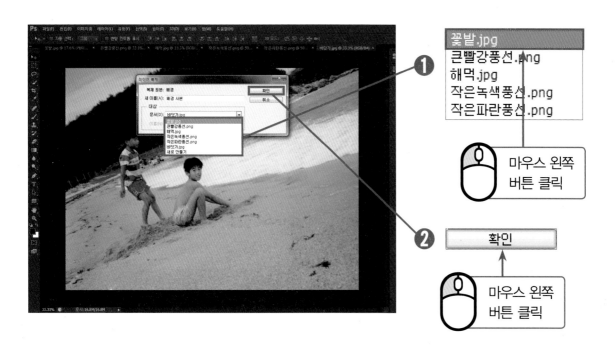

**05** '꽃밭.jpg' 창의 이름을 클릭하여 '꽃밭.jpg' 창으로 이동합니다.

**06** 화면이 바뀌면 화면 왼쪽의 도구 상자 중 [이동 도구]를 클릭하여 [이동 도구]를 활성화합니다.

마우스 왼쪽
버튼 클릭

**07** 오른쪽 남자 아이 얼굴 부분을 마우스로 클릭한 채로 움직이다 파란 풍선 위치에서 왼쪽 버튼을 놓아줍니다.

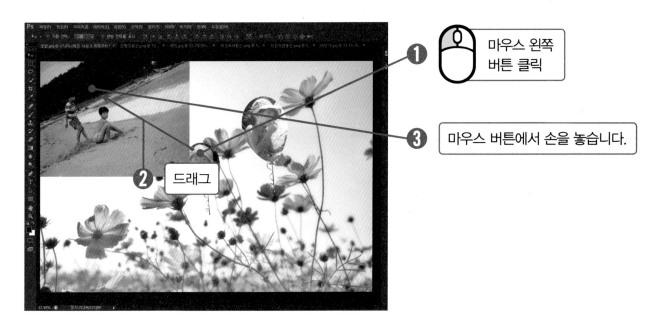

① 마우스 왼쪽
버튼 클릭

② 드래그

③ 마우스 버튼에서 손을 놓습니다.

**08** 오른쪽 남자 아이가 파란 풍선으로 이동되면 화면 상단의 [레이어] 메뉴를 클릭하여 밑에 나오는 메뉴 중에서 [클리핑 마스크 만들기]를 클릭하여 클리핑 마스크를 적용합니다.

**09** 클리핑 마스크가 적용되어 아이 얼굴이 파란 풍선 안으로 들어간 것을 확인해 볼 수 있습니다.

# 08 완성된 사진 저장하기

지금까지 작업한 사진을 저장해 보겠습니다.

**01** 모든 작업이 완료되면 화면 위쪽에 있는 [파일] 메뉴를 클릭하고 밑에 나오는 메뉴 중에서 [다른 이름으로 저장]을 클릭합니다.

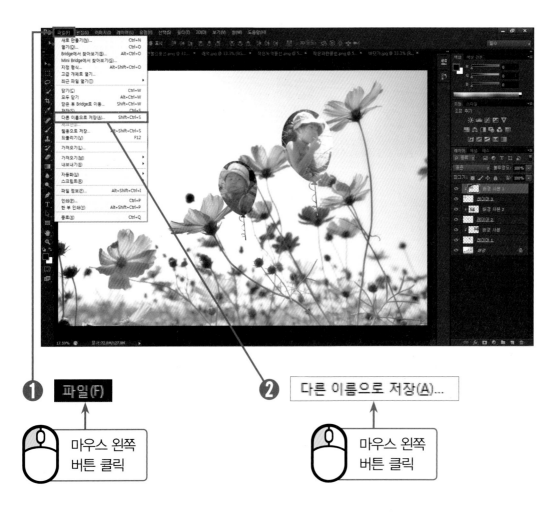

❶ **파일(F)**

마우스 왼쪽
버튼 클릭

❷ **다른 이름으로 저장(A)...**

마우스 왼쪽
버튼 클릭

**02** [다른 이름으로 저장] 대화상자가 나오면 각자 저장을 원하는 폴더를 지정합
니다. 예제에서는 바탕화면에 있는 [어른들을 위한 가장 쉬운 포토샵] 폴더
를 선택했습니다.

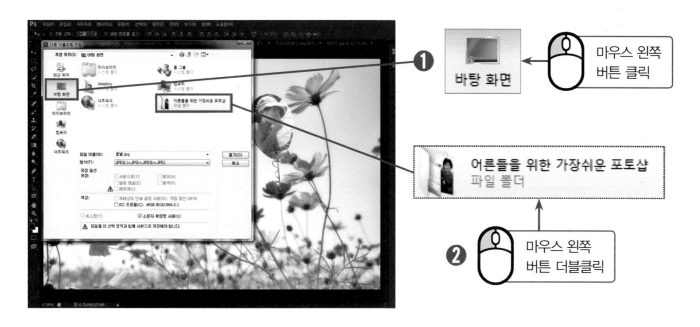

**03** 각자 원하는 파일 이름을 입력하고 [저장]을 클릭합니다.

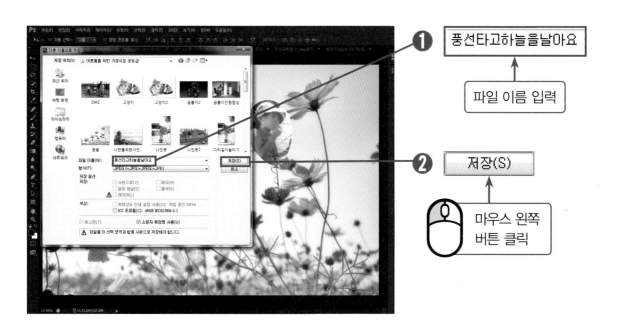

**04** [JPEG 옵션] 대화상자가 나오면 품질 선택 막대기를 마우스 왼쪽 버튼을 클릭해 움직여서 8로 조정해 준 후 [확인]을 클릭합니다.

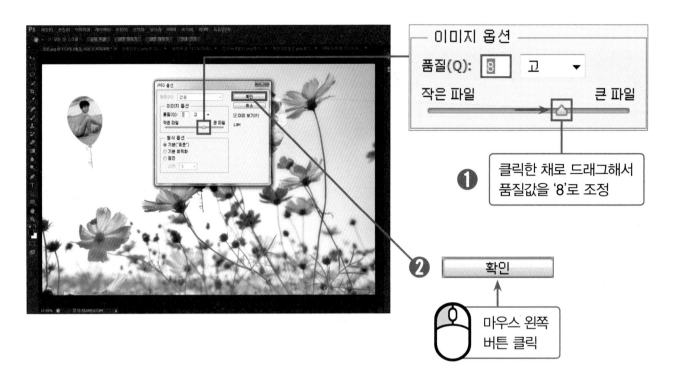

이미지 옵션
품질(Q): 8    고    ▼
작은 파일                        큰 파일

❶ 클릭한 채로 드래그해서 품질값을 '8'로 조정

❷ 확인

마우스 왼쪽 버튼 클릭

# 제 17장

# 유화 느낌의 사진 만들기

유화 필터는 사진의 모양과 배열에 필터 효과를 주어 유화 느낌의
사진을 만들어 줄 수 있는 포토샵의 유용한 기능으로 유화 기능을 활용하여
유화 느낌의 사진으로 만들어 보도록 하겠습니다.

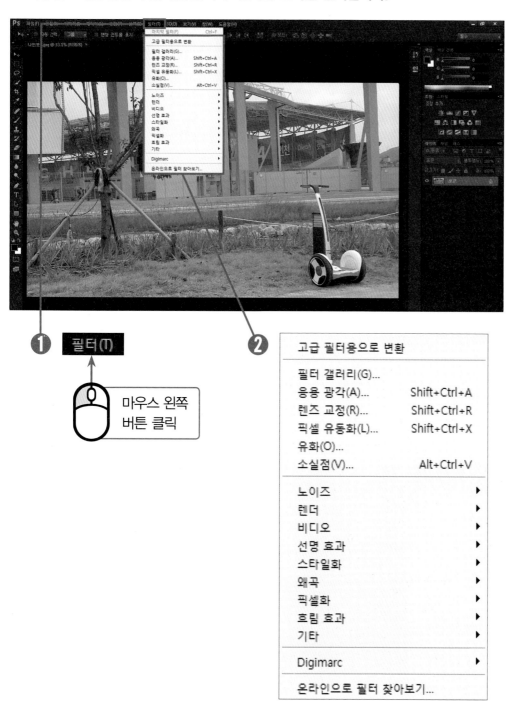

**🔒팁!** 필터

필터란 여과기, 여과하다란 뜻으로 특수 효과를 적용하여 사진을 새로운 형태로 만들
어주는 기능으로 레이어 스타일과 함께 포토샵에서 가장 많이 사용되며 유화, 노이즈,
스타일화, 흐림 효과 등이 있습니다.

● **사용법 : 화면 상단의 필터를 클릭 후 원하는 효과를 선택합니다.**

**① 필터(T)**

🖱 마우스 왼쪽
버튼 클릭

**②**

| 고급 필터용으로 변환 | |
|---|---|
| 필터 갤러리(G)... | |
| 응용 광각(A)... | Shift+Ctrl+A |
| 렌즈 교정(R)... | Shift+Ctrl+R |
| 픽셀 유동화(L)... | Shift+Ctrl+X |
| 유화(O)... | |
| 소실점(V)... | Alt+Ctrl+V |
| 노이즈 | ▶ |
| 렌더 | ▶ |
| 비디오 | ▶ |
| 선명 효과 | ▶ |
| 스타일화 | ▶ |
| 왜곡 | ▶ |
| 픽셀화 | ▶ |
| 흐림 효과 | ▶ |
| 기타 | ▶ |
| Digimarc | ▶ |
| 온라인으로 필터 찾아보기... | |

# 01 포토샵 실행하여 사진 불러오기

유화 느낌의 사진을 만들기 위해 포토샵을 실행한 후 사진을
불러오는 작업을 해보도록 하겠습니다.

**01** 포토샵이 실행되면 화면 위쪽에 있는 [파일] 메뉴를 클릭하고 밑에 나오는
메뉴 중에서 [열기]를 클릭합니다.

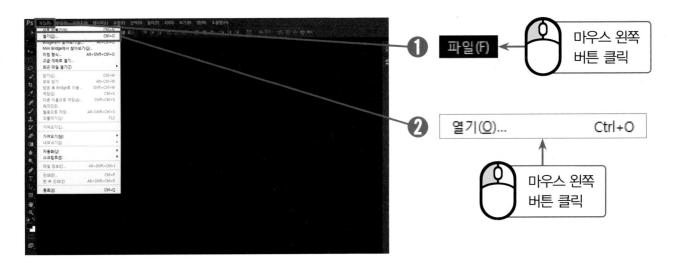

**02** [열기] 대화상자가 나오면 [바탕화면]을 클릭한 뒤 [어른들을 위한 가장 쉬운
포토샵]을 더블클릭합니다.

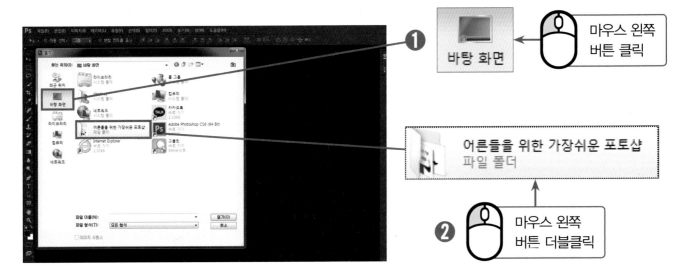

**03** '나인봇2.jpg'를 선택 후 [열기]를 클릭하여 '나인봇' 사진을 열어줍니다.

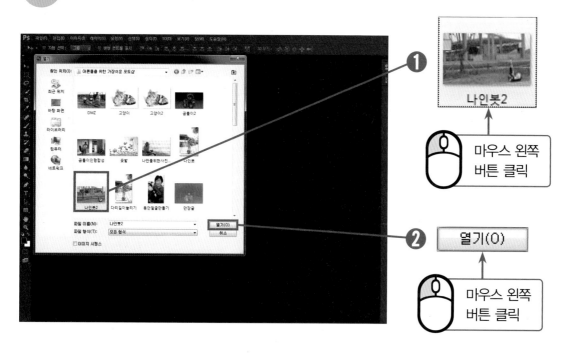

**04** 사진이 열리면 [보기] 메뉴를 클릭하면 밑에 나오는 메뉴 중에서 [화면 크기에 맞게 조정]을 클릭하여 사진의 비율을 모니터 화면에 알맞게 조정해 줍니다.

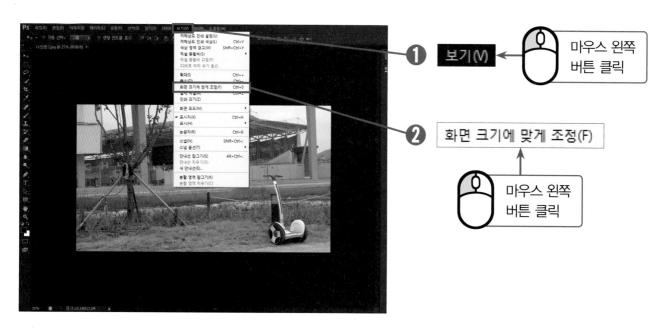

# 02 유화 느낌의 사진 만들기

필터의 유화를 적용하여 사진을 그림처럼 만들어 보도록
하겠습니다.

**01** 사진의 비율이 모니터 화면 비율에 맞추어지면 화면 상단의 [필터] 메뉴를
클릭하고 밑에 나오는 메뉴 중에서 [유화]를 클릭합니다.

**02** 포토샵 화면이 전체 화면으로 전환되며 유화 창으로 바뀐 것을 확인해 볼 수
있습니다.

**03** 포토샵 화면이 유화 창 화면으로 바뀌면 값 조정 막대기를 마우스 왼쪽으로 클릭하여 스타일화 값은 5.5, 정확성 값은 10, 비율 값을 2.4, 강모 세부 값을 8.4, 각진 방향 값을 55.2, 빛 값을 0.5로 조절해 준 후 [확인]을 클릭합니다(값을 직접 입력해도 됩니다).

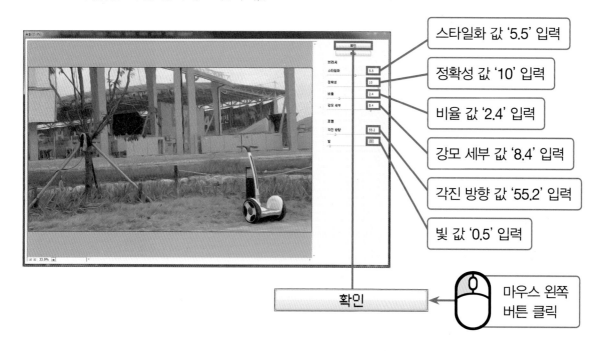

스타일화 값 '5.5' 입력

정확성 값 '10' 입력

비율 값 '2.4' 입력

강모 세부 값 '8.4' 입력

각진 방향 값 '55.2' 입력

빛 값 '0.5' 입력

확인

마우스 왼쪽 버튼 클릭

**04** 유화 효과가 적용되어 '나인봇2' 사진이 마치 붓으로 그린 그림처럼 바뀐 것을 확인해 볼 수 있습니다.

**팁!** 유화 값에 따른 변화

- 스타일 값이란 유화의 질감을 설정하는 곳으로 0값에 가까울수록 평편한 모양의 질감을 그리고 10값에 가까울수록 부드러운 질감이 적용됩니다.

**[스타일 값 0.1 적용]**

**[스타일 값 5 적용]**

**[스타일 값 10 적용]**

■ 정확성이란 획의 길이를 설정하는 곳으로 0값에 가까울수록 입자가 거칠어지며
  10값에 가까울수록 부드러운 질감이 적용됩니다.

**[정확성 값 0 적용]**

**[정확성 값 5 적용]**

**[정확성 값 10 적용]**

■ 비율이란 획의 크기를 설정하는 곳으로 0값에 가까울수록 표면이 작은 붓으로 그린 질감을 그리고 10값에 가까울수록 표면이 넓은 붓으로 그린 질감이 적용됩니다.

**[비율 값 0.1 적용]**

**[비율 값 5 적용]**

**[비율 값 10 적용]**

■ 강모 세부란 0값에 가까울수록 부드러운 붓의 질감을 그리고 10값에 가까울수록
  입체감과 굴곡이 강한 거친 질감을 표현합니다.

**[강모 세부 0 적용]**

**[강모 세부 5 적용]**

**[강모 세부 10 적용]**

■ 각진 방향이란 빛이 반사되는 각도를 0~360도 사이로 조절하여 빛이 비추는 방
향을 다르게 표현할 수 있게 해주는 기능입니다.

**[각진 방향 0도 적용]**

**[각진 방향 180도 적용]**

**[각진 방향 360도 적용]**

■ 빛이란 빛의 양을 조절하여 도드라지는 질감 대비를 표현해주는 기능으로 10값에
   가까워질수록 강한 명암 대비를 갖습니다.

**[빛 값 0.1 적용]**

**[빛 값 5 적용]**

**[빛 값 10 적용]**

**참고!**

필터는 다음과 같이 개별적으로 작동하는 필터와 묶음 형태로 작동하는 필터가 있습니다.

〈개별 필터〉

| | |
|---|---|
| 필터 갤러리(G)... | |
| 응용 광각(A)... | Shift+Ctrl+A |
| 렌즈 교정(R)... | Shift+Ctrl+R |
| 픽셀 유동화(L)... | Shift+Ctrl+X |
| 유화(O)... | |
| 소실점(V)... | Alt+Ctrl+V |

〈그룹 필터〉

| | |
|---|---|
| 노이즈 | ▶ |
| 렌더 | ▶ |
| 비디오 | ▶ |
| 선명 효과 | ▶ |
| 스타일화 | ▶ |
| 왜곡 | ▶ |
| 픽셀화 | ▶ |
| 흐림 효과 | ▶ |
| 기타 | ▶ |
| Digimarc | ▶ |

# 제 18장

# 나만의 달력
# 만들기

포토샵의 글씨 입력 도구와 레이어 스타일을 활용하여
나만의 멋진 달력을 만들어 보도록 하겠습니다.

[ 작업 전 ]

[ 작업 후 ]

**🔒팁!** 레이어 스타일

레이어 스타일이란 글자에 효과를 줄 수 있는 기능으로 그림자, 광선, 그라이디언트, 경사 등의 효과 등이 있으며 이를 통하여 다양한 느낌의 글자를 만들 수 있습니다.

● **사용법 : [레이어] – [레이어 스타일]에서 원하는 효과를 클릭합니다.**

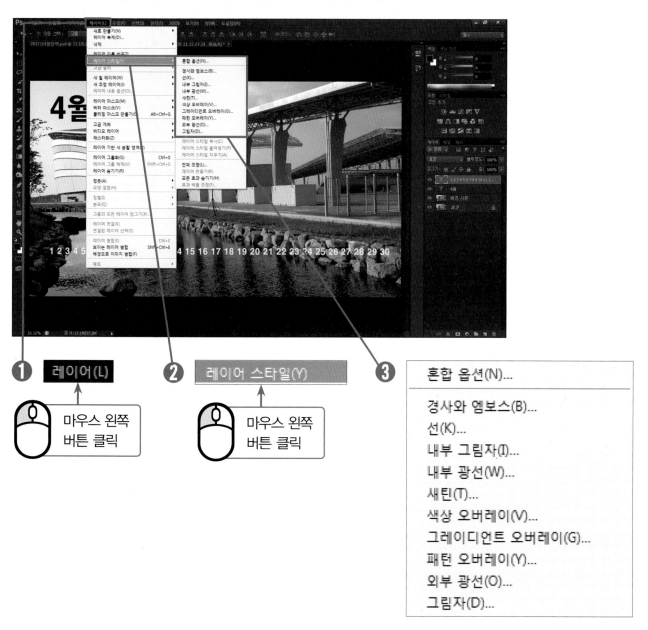

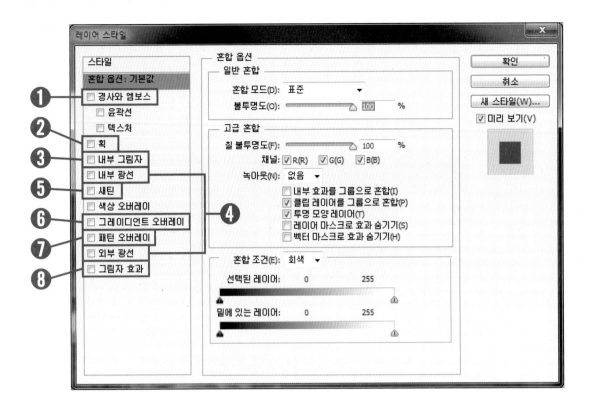

❶ 경사와 엠보스 : 밝은 영역과 그림자를 다양하게 결합하여 글자를 부피감 있게 만들어줍니다.

❷ 획 : 글자의 바깥 부분에 내가 원하는 색상과 두께로 테두리를 만들어줍니다.

❸ 내부 그림자 : 글자가 움푹 파인 것처럼 보이도록 글자 내용의 가장자리 바로 안쪽에 그림자를 만들어줍니다.

❹ 내부 광선 및 외부 광선 : 글자 내용의 바깥 가장자리나 안쪽 가장자리에 광선을 만들어줍니다.

❺ 새틴 : 매끈하게 윤이 나는 음영을 글자 내부에 적용합니다.

❻ 그레이디언트 오버레이 : 글자를 두 가지 이상의 색상을 혼합하여 표현합니다.

❼ 패턴 오버레이 : 특정한 무늬를 글자의 배경으로 지정하여 표현합니다.

❽ 그림자 효과 : 글자의 내용 뒤쪽에 그림자를 만들어줍니다.

# 01 포토샵 실행하여 사진 불러오기

나만의 달력을 만들기 위해 포토샵을 실행 후 사진을 불러오는
작업을 해보도록 하겠습니다.

**01** 포토샵이 실행되면 화면 위쪽에 있는 [파일] 메뉴를 클릭하고 밑에 나오는
메뉴 중에서 [열기]를 클릭합니다.

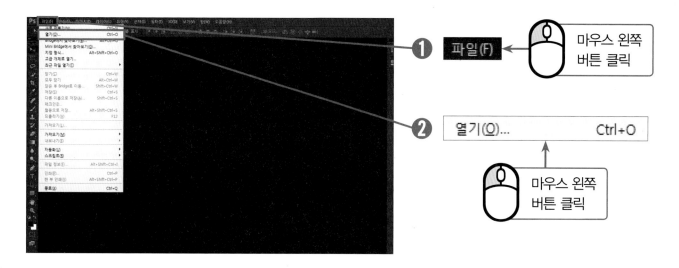

**02** [열기] 대화상자가 나오면 [바탕화면]을 클릭한 뒤 [어른들을 위한 가장 쉬운
포토샵]을 더블클릭합니다.

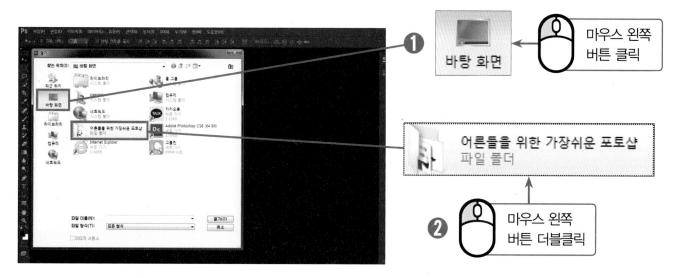

**03** '아시안게임경기장.jpg'를 선택한 후 [열기]를 클릭하여 '아시안게임경기장' 사진을 열어줍니다.

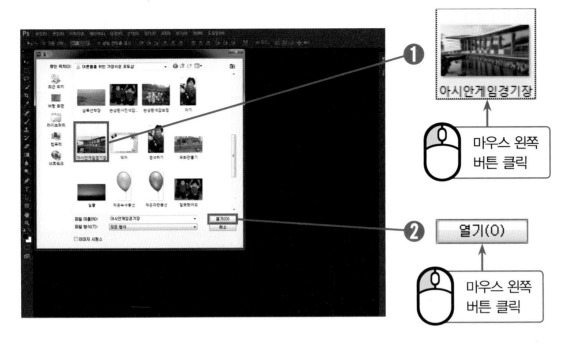

마우스 왼쪽
버튼 클릭

열기(O)

마우스 왼쪽
버튼 클릭

**04** 사진이 열리면 [보기] 메뉴를 클릭하면 밑에 나오는 메뉴 중에서 [화면 크기에 맞게 조정]을 클릭하여 사진의 비율을 모니터 화면에 알맞게 조정합니다.

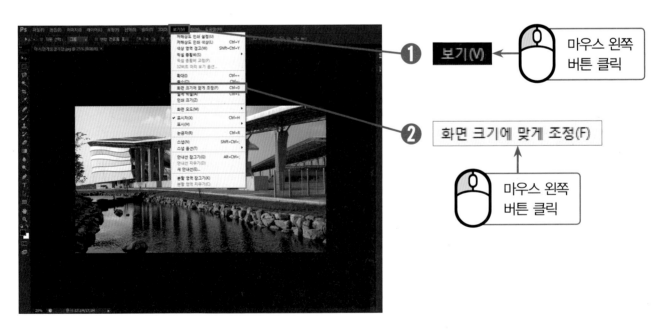

마우스 왼쪽
버튼 클릭

보기(M)

화면 크기에 맞게 조정(F)

마우스 왼쪽
버튼 클릭

# 02 레이어 복제하기

레이어 스타일 효과를 적용하기 위해 레이어를 복사해 보겠습니다.

**01** 사진의 비율이 모니터 화면에 알맞게 조정이 되면 화면 위쪽에 있는 [레이어] 메뉴를 클릭하고 밑에 나오는 메뉴 중에서 [레이어 복제]를 클릭합니다.

**02** 레이어 복제 대화상자가 나오면 [확인]을 클릭해 배경 사본을 만들어 줍니다.

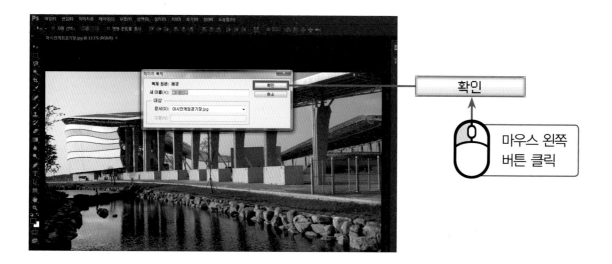

# 03 글자 입력하기 ❶

배경 사본에 수평 문자 입력 도구를 활용하여 날짜(달)를
입력해 보도록 하겠습니다.

**01** 배경 사본이 만들어지면 화면 왼쪽 도구 상자의 도구 중 수평 문자 도구를
선택하고 글자를 입력해 줄 부분을 클릭한 후 화면 상단의 글꼴 크기 설정을
클릭합니다.

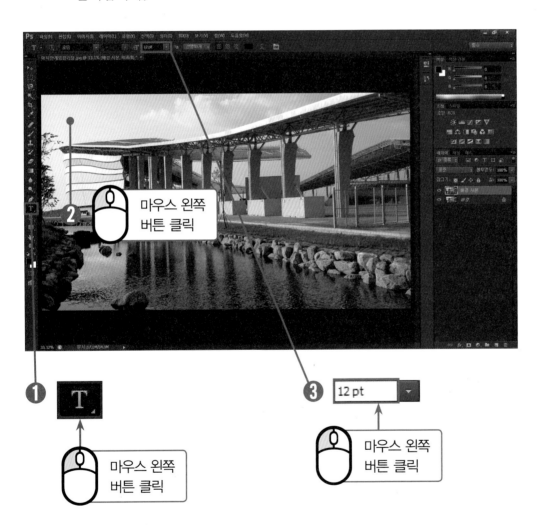

**02** 기존에 있던 글자를 Back Space 를 눌러 지워준 후 250을 입력 후 Enter 를
쳐줍니다.

'250' 입력 후 Enter

**03** 글자를 입력한 뒤 마우스 왼쪽 버튼을 클릭하여 오른쪽 방향으로 움직여 입력
한 글자를 모두 선택합니다.

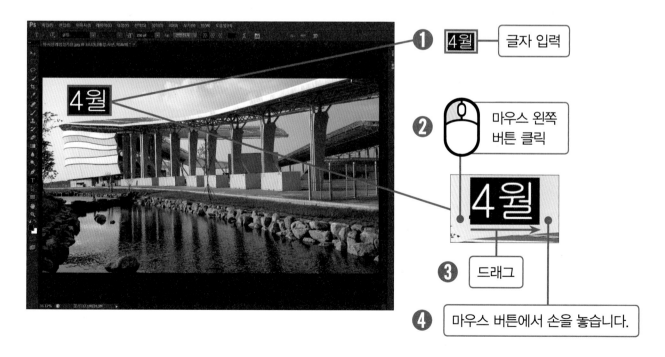

❶ 글자 입력

❷ 마우스 왼쪽
버튼 클릭

❸ 드래그

❹ 마우스 버튼에서 손을 놓습니다.

글꼴 모음 설정을 클릭하여 글꼴 목록이 나타나면 'HY견고딕'을 클릭합니다.

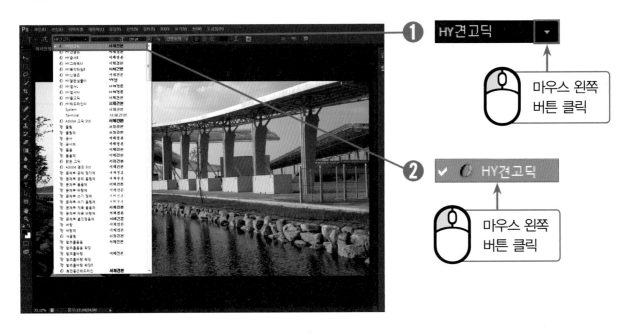

 기존의 글자 모양이 앞에서 지정한 서체로 바뀌면 화면 상단 오른쪽의 확인
을 클릭합니다.

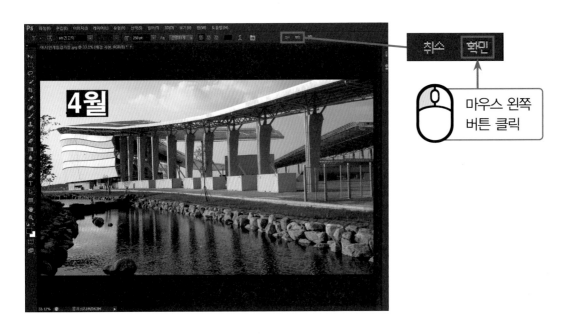

**06** 두 번째 글자를 입력하고 싶은 위치에서 마우스를 클릭한 후 화면 상단 글꼴 크기 설정을 클릭하여 '72pt'를 클릭합니다.

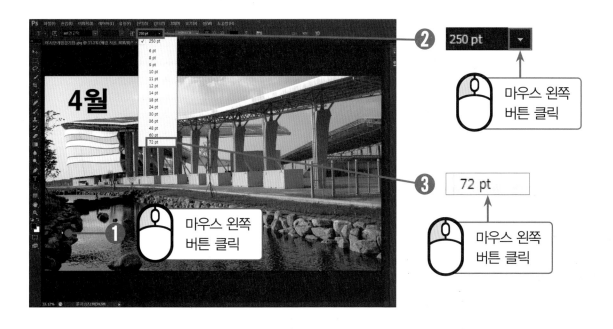

**07** 글자 크기가 72pt로 바뀌면 그 옆의 텍스트 색상 설정을 클릭하여 설정 상자 가 나오면 흰색을 선택 후 [확인]을 클릭합니다.

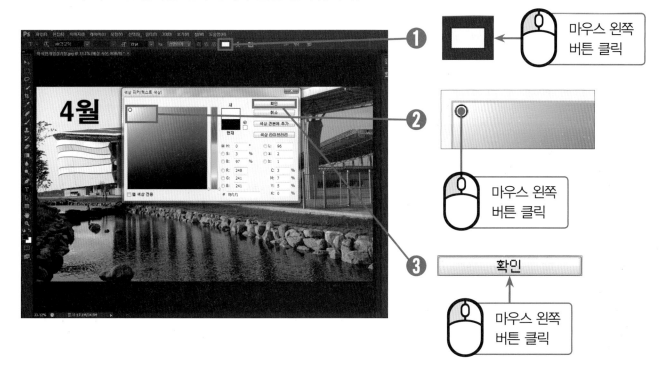

# 04 글자 입력하기 ❷

배경 사본에 수평 문자 입력 도구를 활용하여 날짜(일)를
입력해 보도록 하겠습니다.

**01** 1부터 30까지 글자를 입력한 뒤 마우스 커서를 숫자 2에 위치시키고 클릭한
채로 드래그해서 '2'를 블록으로 설정합니다.

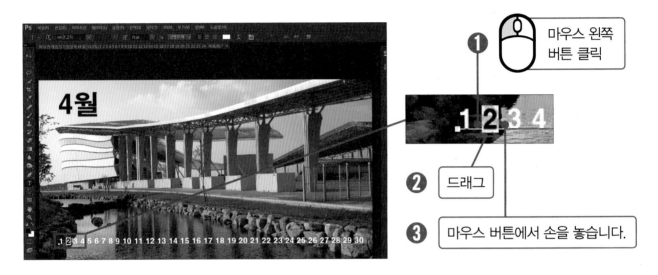

❶ 마우스 왼쪽
버튼 클릭

❷ 드래그

❸ 마우스 버튼에서 손을 놓습니다.

**02** 화면 상단 중앙의 텍스트 색상 설정을 클릭하여 설정 상자가 나오면 빨간색
을 선택한 후 [확인]을 클릭합니다.

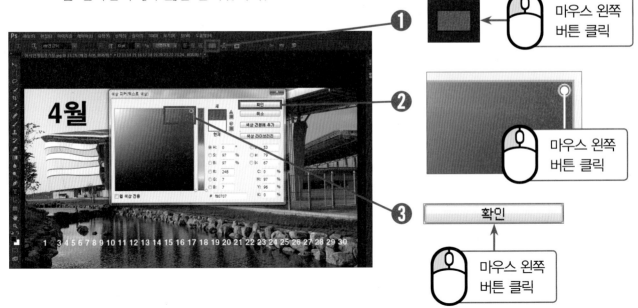

❶ 마우스 왼쪽
버튼 클릭

❷

마우스 왼쪽
버튼 클릭

❸ 확인

마우스 왼쪽
버튼 클릭

9, 16, 23, 30도 앞과 동일한 방법으로 글자색을 모두 빨간색으로 바꾸어 줍니다.

04 왼쪽 상단의 [이동 도구]를 클릭해 준 후 키보드의 Shift 를 누른 상태로 화면 오른쪽의 날짜와 4월을 순차적으로 클릭해준 후 화면 상단의 왼쪽정렬을 클릭하여 4월과 날짜를 정렬합니다.

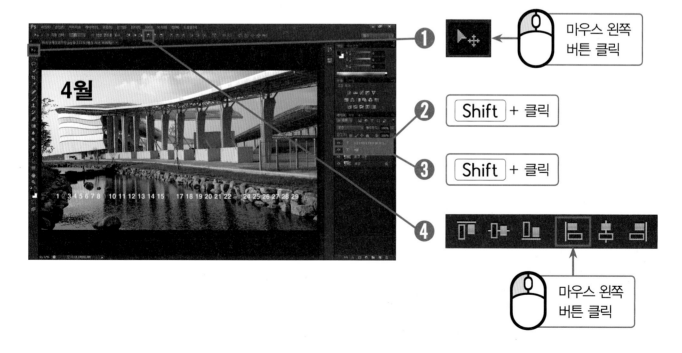

# 05 글자(일)에 그림자 효과주기

글자에 그림자 효과를 넣어 보도록 하겠습니다.

**01** 날짜를 클릭하여 선택한 후 [레이어] 메뉴를 클릭하여 밑에 나오는 메뉴 중에서 [레이어 스타일]의 [그림자]를 클릭합니다.

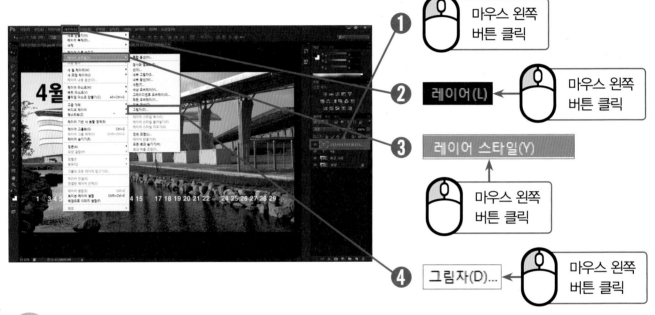

❶ 마우스 왼쪽 버튼 클릭

❷ 레이어(L) ← 마우스 왼쪽 버튼 클릭

❸ 레이어 스타일(Y) ← 마우스 왼쪽 버튼 클릭

❹ 그림자(D)... ← 마우스 왼쪽 버튼 클릭

**02** 레이어 스타일 창이 나오면 값 조정 막대기를 움직여 각도 132도, 거리 12, 스프레드 28, 크기 2로 값을 조정해 준 후 [확인]을 클릭합니다.

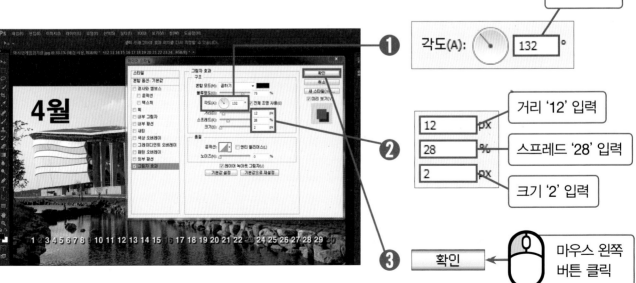

❶ 각도(A): 132° '132' 입력

❷ 12 px 거리 '12' 입력
28 % 스프레드 '28' 입력
2 px 크기 '2' 입력

❸ 확인 ← 마우스 왼쪽 버튼 클릭

# 06 글자(달)에 외부광선 및 그림자 효과주기

글자에 외부광선 효과를 넣어 보도록 하겠습니다.

**01** 화면의 '4월'을 클릭하여 선택한 후 [레이어] 메뉴를 클릭하여 밑에 나오는
메뉴 중에서 [레이어 스타일]의 [외부 광선]을 클릭합니다.

① 마우스 왼쪽 버튼 클릭

② 레이어(L) ← 마우스 왼쪽 버튼 클릭

③ 레이어 스타일(Y)
마우스 왼쪽 버튼 클릭

④ 외부 광선(O)... ← 마우스 왼쪽 버튼 클릭

**02** 레이어 스타일 창이 나오면 값 조정 막대기를 움직여 스프레드 8, 크기 130
으로 값을 조정합니다.

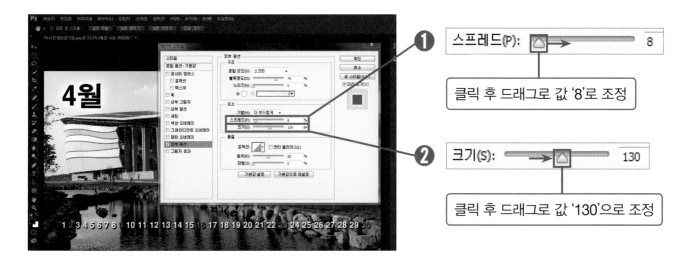

① 스프레드(P): ◻→ 8
클릭 후 드래그로 값 '8'로 조정

② 크기(S): →◻ 130
클릭 후 드래그로 값 '130'으로 조정

**03** 그림자효과를 클릭해준 후 각도 132도, 거리 4, 스프레드 50, 크기 2로 설정
후 [확인]을 클릭합니다.

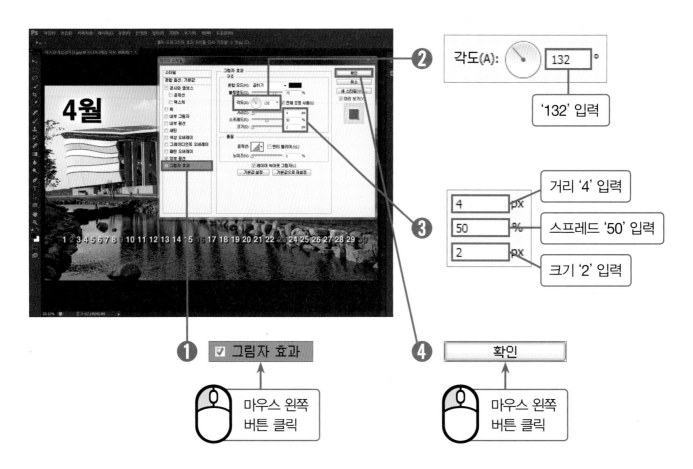

각도(A): 132 °

'132' 입력

거리 '4' 입력

스프레드 '50' 입력

크기 '2' 입력

❶ ☑ 그림자 효과

마우스 왼쪽
버튼 클릭

❹ 확인

마우스 왼쪽
버튼 클릭

# 제 19장

## 수묵화 느낌의 사진 만들기

필터 갤러리의 수묵화 효과를 사용하면 사진을 마치 수묵화처럼
손쉽게 변형할 수 있습니다. 이번 장에서는 수묵화 필터를 활용하여
사진을 수묵화처럼 변형해 보도록 하겠습니다.

[ 작업 전 ]

[ 작업 후 ]

## 팁! 필터 갤러리

필터 갤러리는 예술 느낌의 필터들을 모아 놓은 곳으로 브러시 획, 스케치 효과, 스타
일화, 예술 효과, 왜곡, 텍스쳐로 나누어져 있습다. 이 효과를 활용하면 사진을 미술 작
품 느낌의 사진으로 손쉽게 변형할 수 있습니다.

● **사용법 : [필터] – [필터 갤러리]**

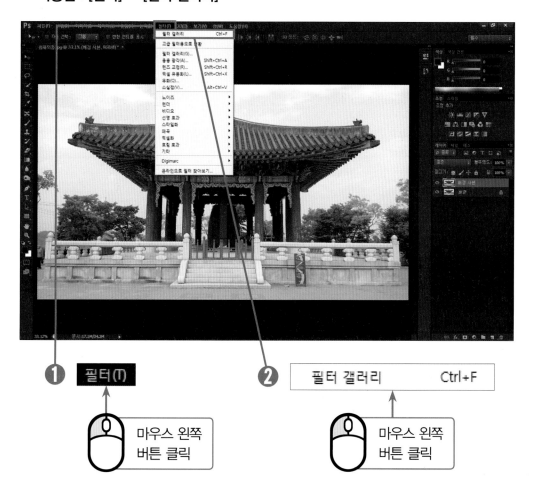

**❶ 필터(T)**    마우스 왼쪽 버튼 클릭

**❷ 필터 갤러리    Ctrl+F**    마우스 왼쪽 버튼 클릭

# 01 포토샵 실행하여 불러오기

수묵화 느낌의 사진을 만들기 위해 포토샵을 실행 후 사진을
불러오는 작업을 해보도록 하겠습니다.

**01** [어른들을 위한 가장 쉬운 포토샵] 폴더에서 '평화의종.jpg'를 선택한 후 [열기]를 클릭하여 '평화의종' 사진을 열어줍니다.

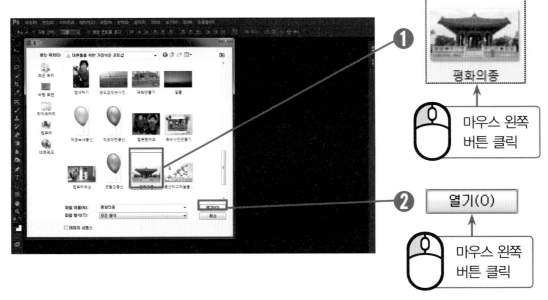

**평화의종**

❶ 마우스 왼쪽
버튼 클릭

열기(O)

❷ 마우스 왼쪽
버튼 클릭

**02** 평화의종 사진이 열리면 [보기] 메뉴를 클릭하고 밑에 나오는 메뉴 중에서
[화면 크기에 맞게 조정]을 클릭하여 사진의 비율을 모니터 화면에 알맞게
조정합니다.

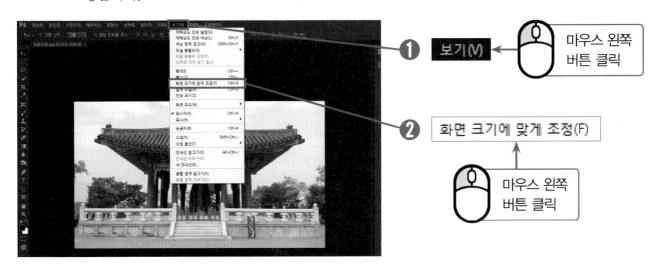

보기(M)

❶ 마우스 왼쪽
버튼 클릭

화면 크기에 맞게 조정(F)

❷ 마우스 왼쪽
버튼 클릭

# 02 레이어 복제하기

수묵화 효과를 적용 후 배경을 자연스럽게 만들기 위해 레이어를 복제해 보도록 하겠습니다.

**01** 사진의 비율을 모니터 화면에 알맞게 조정한 후 화면 위쪽에 있는 [레이어] 메뉴를 클릭하고 밑에 나오는 메뉴 중에서 [레이어 복제]를 클릭합니다.

❶ 레이어(L) — 마우스 왼쪽 버튼 클릭

❷ 레이어 복제(D)... — 마우스 왼쪽 버튼 클릭

**02** 레이어 복제 대화상자가 나오면 [확인]을 클릭해 배경 사본을 만들어 줍니다.

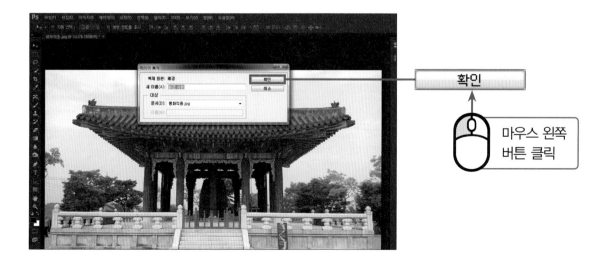

확인 — 마우스 왼쪽 버튼 클릭

# 03 필터 효과 적용하기

필터의 필터 갤러리를 활용하여 평화의종 사진에 수묵화 효
과를 적용해 보도록 하겠습니다.

**01** 레이어 복제를 하여 배경사본이 만들어지면 화면 위쪽에 있는 [필터] 메뉴를
클릭하고 밑에 나오는 메뉴 중에서 [필터 갤러리]를 클릭합니다.

**➊ 필터(T)** ← 마우스 왼쪽 버튼 클릭

**➋ 필터 갤러리    Ctrl+F** ← 마우스 왼쪽 버튼 클릭

**02** 필터 갤러리가 실행되어 필터 갤러리 화면이 나오면 미리보기 작업을 쉽게
하기 위해 화면 왼쪽 하단의 비율조정 상자를 클릭하여 비율 조정창이 나오
면 [화면 크기에 맞게 조정]을 클릭합니다.

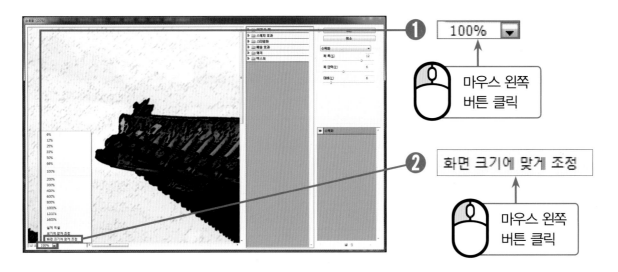

**➊ 100%** ← 마우스 왼쪽 버튼 클릭

**➋ 화면 크기에 맞게 조정** ← 마우스 왼쪽 버튼 클릭

**03** 화면 크기에 맞게 조절 기능이 적용되어 필터 미리보기 화면이 비율에 맞게
조정되면 화면 오른쪽의 필터 목록 중 브러시 획을 클릭하여 브러시 획 필터
목록을 활성화합니다.

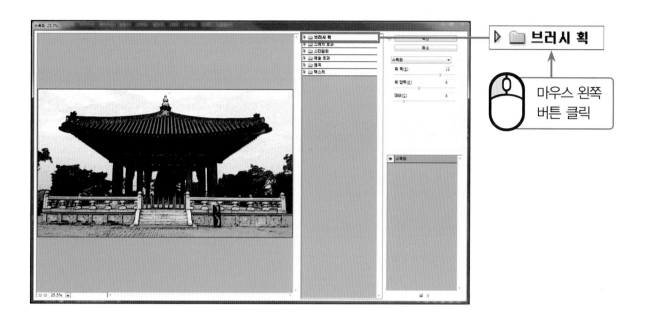

**04** 브러시 획 목록이 활성화되면 수묵화를 클릭하여 수묵화 필터를 활성화합
니다.

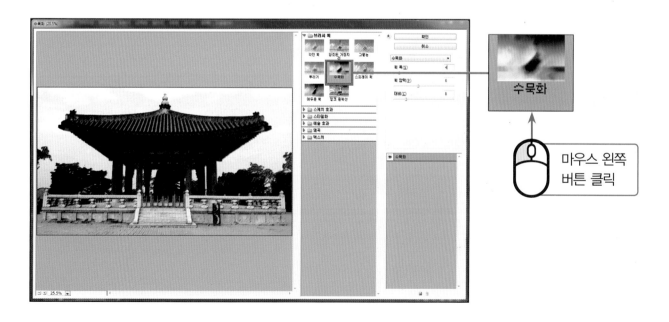

**05** 수묵화 필터 창이 활성화되면 값 조절 막대기를 마우스 왼쪽으로 클릭하여 획 폭 값은 12, 획 압력 값은 6, 대비 값을 8로 조절해 준 후 [확인]을 클릭합니다. 직접 값을 입력하고 Enter 키를 눌러도 됩니다.

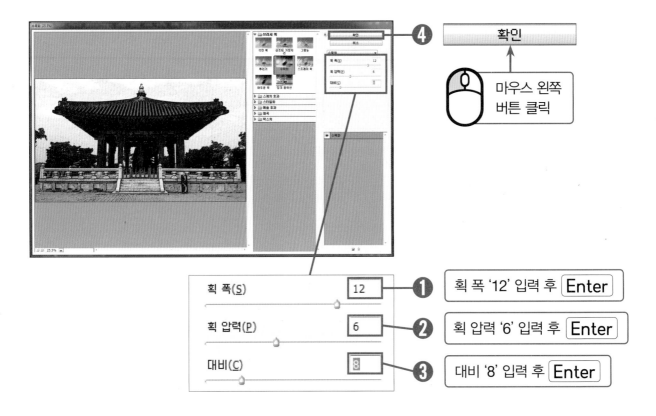

- ❶ 획 폭 '12' 입력 후 Enter
- ❷ 획 압력 '6' 입력 후 Enter
- ❸ 대비 '8' 입력 후 Enter
- ❹ 확인 — 마우스 왼쪽 버튼 클릭

**06** 수묵화 필터가 적용되어 '평화의종' 사진이 수묵화 느낌처럼 변경되었습니다.

# 04 자연스러운 배경 만들기

수묵화 필터 효과가 적용된 사진을 조금 더 자연스럽게 만들기 위해 지우개를 사용하여 배경을 지워 보도록 하겠습니다.

**01** 화면 왼쪽 도구상자의 [지우개] 도구를 클릭해 주어 [지우개]를 활성화합니다.

마우스 왼쪽
버튼 클릭

**02** 지우개가 활성화되면 화면 왼쪽 상단의 크기 조절 상자를 클릭하여 지우개 옵션 창을 활성화합니다. 지우개 옵션 창이 활성화되면 지우개의 종류를 선명한 원으로 선택해 준 후 크기 조절 막대를 클릭하여 지우개의 크기를 60으로 조정합니다.

1 마우스 왼쪽
버튼 클릭

2 마우스 왼쪽
버튼 클릭

크기 : 60 px

클릭후 드래그로 값을 '60'으로 조정

지우개 기능이 활성화되면 지우고자 하는 부분부터 마우스 왼쪽 버튼을 클릭하여 움직여주며 사진의 왼쪽 배경부분을 지워줍니다.

 지우개를 사용하여 평화의종의 왼쪽 부분의 배경이 자연스럽게 지워지면 오른쪽 배경 부분도 같은 방법으로 지워주어 수묵화 느낌의 사진을 완성합니다.

어른들을 위한
**가장 쉬운**
**포토샵**